ひとりでも一生困らない！

29歳からのお金

吹田朝子
ぜにわらい協会　会長

WAVE出版

はじめに

「この先、お金は足りるのかなぁ？」

　これからは年金も当てにならないと言われ、不安になる日々。
　でも一向にお金は貯まらないし、我慢もなるべくしたくない。「ああ、お金が降ってきたらいいのに」なんて思ってしまうのもごく自然なことです。

「70歳になっても働くのは辛いし、そこまで健康でいられるかもわからない。今のうちにとにかく貯金しなきゃいけないのはわかっているけど、何から始めていいかもわからないし、結局我慢できなくて貯まらない……」

　漠然とした不安はあっても、何をどこまでやったら安心なのかもわからず、もやもやしたまま過ごしている人も多いかもしれません。

ここでちょっと想像してみましょう。

ふと道を歩いていると、「宝くじ1億円」の広告が目に入ってきました。並んでいる列の中に、自分くらいの年齢の人もいます。

立ち止まって、買ってみようかなと、周囲を見回します。そのとき、ちょうど祖父の年齢に近い白髪のおじいさんがこっちを見て、こう呼びかけました。

「もし、1億円当たったらどうするんじゃい？」

あなたはどう答えますか？

（A）仕事を辞めて一生、のんびり遊ぶ
（B）全額、貯金する
（C）今後やりたいことにお金を分けて使う

（A）を選んだ人

今の生活に疲れていませんか？

1億円はしばらくの間はもちますが、気も緩むのであっという間に10年そこそこでなくなるでしょう。

一生はもたず、いつかは収入源を見つけなければなりません。

ストレス解消などで感情的になって後先考えずに意思決定してしまうと、大金を得たことが身を滅ぼしてしまい、非常に要注意です。

まずは、お金の使い道などを長期的に捉える癖をつけていくことが大切ですね。

（B）を選んだ人

まじめで堅実な人です。

しかし、貯金をするだけでは足をすくわれるかもしれません。

実際、そうした人を見てきました。

誰にも言わずにお金を貯め込み、悩みや楽しみを共有できる友達もいなくなり、孤独でさみしい思いをする毎日。病気や介護に対してもヘルパーや施設入居などのお金を心配し、常に「お金が足りない」と嘆く……。

お金は持っているだけでは、その価値を十分に活かせません。

通帳の残高を眺めるだけでなく、お金を上手に使って仲間と楽しみ、心身ともに健康で過ごす意識を高めていくことも重要です。

(C)を選んだ人

とても知的で賢い人ですね。

では、具体的にやりたいことには、どんなことがあげられますか?

友達と一緒の旅行、趣味、習い事などのスキルアップ、起業、投資の勉強、困っている人への寄附、家や車などの所有……など、さまざまあるでしょう。

なかには一度始めたら、ずっとお金がかかるものもあります。

抽象的な妄想ではなく、やりたいことを具体的に書き出し、一つ一つ何のためにやるのか、その優先順位も整理して年間計画をたてるなど、実行に移すためのステップを踏んでいきましょう。

いかがでしょうか？

自分のお金に対する認識とこれからやるべきことが見えてくると少し安心しませんか？


私たちは今、過去に経験したことのない時代を生きています。

いびつな人口ピラミッド、マイナス金利などの経済の歪み、デジタルマネーなどの貨幣形態の多様化、ＡＩの出現、さらには強く進化していくウイルスの存在が同時進行する中、見本になるロールモデルがそう身近にいないというのが現実です。選択肢が多い分、自分で考えて選択しなければいけない場面も多くあると思います。

とはいえ、29歳はまだ若くてさまざまなことにチャレンジできる人生の大切な節目。ただ不安を抱えて過ごすのではなく、一度お金との付き合い方を見直すことで、安心して将来設計を組み立てられるのではないでしょうか？

お金は、あくまであなたが幸せに過ごすための道具の一つ。30代目前という、この大事な時期にその使い方をしっかり習得しておくことは、一生モノの宝になるはずです。


本書では、さまざまな生き方、生活スタイルに合わせ、あなたがこの先安心して幸せを感じ続けられるように、その道具であるお金の取り扱い方をまとめています。
具体的には、お金に関する次の項目を整理しながら進めています。

(1)稼ぎ方……多様な仕事スタイルや人生観に合わせた稼ぎ方
(2)使い方……生活習慣や健康管理、家計支出のバランスなど
(3)増やし方……お金に働いてもらう投資の基本
(4)借り方……住まいのローンなど信用を高める視点
(5)守り方……困った事態・不安への備えの手段
(6)貯め方……誰でも簡単にできる着実なアプローチ

これらについて、自分の現状をチェックするとともに、自分の思考タイプや目指す生活スタイルに合わせて、何から始めていけば良いかという行動レベルまで丁寧に解説します。

また、お金をただの損得や知識だけ捉えて頭で考えるのではなく、気持ちの面でも「これなら楽しんでできそう!」と感じながら、自信をもって始められるようナビゲートしているので、ぜひ自分の特徴を再確認しながら読み進めてください。

世の中、お金がすべてではありませんが、お金があればいろんな選択肢が増えるのも事実です。

「お金がないから〇〇できない」ということにならないように、賢い「お金との付き合い方」を身につけるワークとしてこの本を使ってもらえると嬉しいです。

お金はあなたの在り方や人生の過ごし方を数字で表す鏡でもあります。

その鏡をこれからの何十年にわたり、毎日楽しく見られるよう、あなたらしい「お金のスタイル」を構築していきましょう。

目次

第2章

健康とお金　激務よりも健康なほうがお金は増える

第3章

投資とお金　投資のイメージを変えてみる

第4章 住まいとお金 賃貸・持ち家の仕組みを知っておく

第5章

保険とお金 一番の不安から必要な保険がわかる

第6章

お金の貯め方・使い方　誰でもできる楽ちん管理術

第1章

働き方とお金

理想の生活から
これからの働き方を見つける

01 理想の生活を想像してみる

月収が50万円あったら、どんな生活をしますか？

もう少し便利でセキュリティもしっかりしている賃貸マンションに引っ越す、高いオーガニック食材を選ぶ、家電製品も最新にする、エステに行く、化粧品や洋服もワンランクアップする、月1で高級旅館の温泉旅行に行く……など、さまざまな過ごし方がありますよね。奨学金などの返済のほか、さらに一部を貯蓄する、投資するなど、お金に働いてもらう方法を考える人もいるでしょう。

ちなみに、国税庁の調査によると、1年を通じて勤続した人（全年齢）の男女平均年収（給与）は440・7万円（男性545万円、女性293万円）。うち女性の正規社員は386万円、非正規社員は年154万円。

もちろん平均にこだわる必要はないですが、こうした事実は事実として捉えたうえで、自分の受け取りたい金額をイメージしたときの正直な感想を実感することはとても大事です。

では、月収50万円の生活を想像してみて、どう感じましたか？

（A）ぜひ月収50万円の生活をしたい。やる気が出てきた
（B）ぜひ月収50万円の生活をしたい。でもどうしたらいいのかわからない
（C）既に月収50万円レベルで、さらにその先を見据えている
（D）いいなと思うけれど、仕事が大変そう
（E）お金のために仕事をするのはそもそも間違いでしょ

（A）と（B）を選んだ人

素直にその生活をしたいと望まれてるその姿はとても大切なことです。

（A）の人は、今の仕事をステップアップさせたり、この先の仕事のイメージが湧いて、今すぐに動く行動力も持ち合わせているようですね。

（B）の人は、今の仕事ではちょっと……と疑問に思っているのかもしれません。でも、無理だと言って切り捨ててしまうのは簡単ですが、「やりたい」という想いから実現することだって世の中には多くあります。

引き寄せの法則ではないですが、まずは一つでも具体的な姿をイメージして、小さなことからでもできることを見つけて意識していくことが、チャンスを生みだし、目標に近づく階段を示してくれます。

(C) を選んだ人

その若さで既にその水準に来ているということは、あなたは知的な経営センスもあり、バリバリ仕事をしている方でしょう。ぜひその先を見据えながら、ご自身のプライベートな人生設計も大切に考えてみてください。

(D) を選んだ人

あなたは大変そうというところで抵抗を感じているのですね。

今ですら、がんばると体調にくるという悩みを持つ女性は多いのですから、これ以上の負担は避けたいと思うのは普通のことです。

ただ、大変だと思わずにできる方法も2つあります。

一つは、自分が健康になって体力がつき集中力もアップして疲れない心身になること。これには、食事や呼吸などの健康療法を併用することもあげられます。

もう一つは、好きなことを仕事にしてしまうか、仕事の中に好きなことを取り入れてしまう方法。仕事で扱う商品・サービスやそのプロセスなどが大好きであれば、やっていて疲れやストレスを感じず、仕事のアイデアなどもたくさん出てくるはずです。

(E)を選んだ人

おっしゃるとおり、カネカネいうのもカッコ悪いかもしれません。

なかにはお金のことが原因で、人間関係が悪化した例もあります。しかし、月収50万円の生活＝お金のために働くことではありません。

今より豊かな生活をするのに、工夫を凝らしてやりがいをもって仕事に取り組み、顧客のためにも社会のためにも役立った成果としていただく月収は、とても美しいもの。みんなに喜ばれて受け取るお金もあるのです。

このように目指す姿をイメージするときに、必ずといっていいほど、お金に対する感情が湧きあがってきます。

あなたが仕事をするのは何のためですか？

5年後10年後は、月収これくらいになって、自分のため、家族のためにこんな生活をしている……まずはそんな理想の仕事と生活のイメージを思い描くのは、これから豊かになっていく際に必ず通る道なのです。

02 今の仕事を選んだのはなぜ？

それではあなたはなぜ、今の仕事を選びましたか？　決め手は何だったのでしょうか？
該当するものすべてにチェックしてみてください。

□（A）仕事の将来性がありそう
□（B）仕事が私に向いていそう
□（C）自分の成長のために刺激や学びがありそう
□（D）一緒にやる人たちの雰囲気が良さそう
□（E）人脈が広がりそう
□（F）長く続けられそう
□（G）人に誇れる仕事だ

□（H）家族が喜びそう
□（I）社会貢献できる
□（J）破綻リスクが少なく安定している
□（K）通勤が楽
□（L）お給料がいい
□（M）福利厚生がいい

（A）（B）（C）にチェックが入った人

あなたは、自分のやりがいや今後の成長を意識して、仕事を選んだことがわかります。今でも同じ気持ちで今の仕事を選びますか？　そうであれば、そのまま継続し、もし家庭の両立などで悩み事があったら、職場の上司に早めに相談するのがよいでしょう。

一方、実際に組織の内側の人間になって違和感を覚えるようになったのなら、当時の目利きと判断がちょっとズレてきたと言えるので、見直すタイミングかもしれません。どんな見直しの仕方があるかは、以降でお伝えします。

(D)(E)にチェックが入った人

あなたは、人との関係性を大事にするタイプですね。

(D)にチェックを入れた人は、会社の風土や雰囲気から自分の居場所が感じられるとホッとするのではないでしょうか？　雰囲気がよければ、仕事や家庭のことで何かあっても相談しやすいでしょうし、少々のハードルは乗り越えられる素地をお持ちです。

(E)にチェックを入れた人は、組織の中でとどまるというよりも、より外部に視野がある証拠。今の人間関係も大切にしつつ、よりステップアップして自分を高める転職や独立起業のチャンスまで考えているのは素晴らしいことです。

ただ、人脈、人脈と言いすぎると、ビジネスライクでドライな印象を与えてしまいかねないので、日頃からギブの精神を忘れないでくださいね。

(F)にチェックが入った人

あなたは、長期路線の人ですね。

「長く続けられそう」の背後には、どんな意味があったのでしょうか？

「自分の自然体でいける」「好きなことだから続けられる」といった自分の素直な前向き

の気持ちならよいのですが、「仕事がラクで誰でもできる」「職場が近い」などの、条件的な要素が入っていると思わぬ展開に慌てるリスクもあります。

例えば、仕事がラクで誰でもできるということは、リストラの対象になりやすいですし、事業所の移転などで環境が変わってしまうこともあるからです。もう一度、「長く続けられる」意味を振り返ってみてください。

(G)(H)(I)にチェックが入った人

あなたは、世のため人のためという意識が高い人と言えます。

ただ、その意識とともに「自分も嬉しい！」「仕事をして充実感がある！」と併せて人に言えるかどうか、もう一度考えてみてください。
(G)で、「人に誇れる」の裏に面子や体裁を感じる自分がいたら、いつか違和感や限界を感じてしまう日が来るでしょう。
また(H)に該当した人で、身近な家族の影響が大きく、自分の本音よりも家族の反応を優先していたとしたら、そろそろ自分のために見直しをしてもいい時期です。
(I)の人も、自分がおこなっている仕事がどのように社会貢献につながっているのか、自分の言葉で話せますか？　そうでないと、大きなテーマなだけに周囲から偽善者っぽく思われてしまう可能性もあります。

どんなに小さな仕事や行動でも、自分の想いがあって紐解いていけば、必ず社会貢献につながっていると思うので、大げさに構える必要はないと思います。

（J）（K）（L）（M）にチェックが入った人

（J）（K）（L）（M）のうち2つ以上該当した人は、条件から入って意思決定する傾向があると言えます。
今後もさまざまな意思決定の場面があると思いますが、環境条件や経済条件から見る癖がついてしまうと、自分の想いや夢などをベースにした軸が後回しになって、変化に振り回される可能性が高くなるので注意してください。

5年後もその会社で働いていますか？「もっといい条件が出れば乗り換える」的な発想は、時に人としての信頼を失ったり、結婚・住宅・進路などでもフォーカスできずに結果的にお金も散財するという事態に陥りかねないので注意が必要です。

03 稼げる手段を10通り以上言えるようにする

前項目で、仕事を「将来性」という視点で選んだ人も多いと思いますが、29歳前後の方にとって、今後10年20年といった変化の波にどう乗れるかは非常に大事です。

例えば、今から10年近く前に「今の子供の65%は、将来、今存在していない職業に就くだろう」という予測が発表されました。少し前には「今後10〜20年程度で、約半分の仕事が自動化されるリスクが高い」という調査が公表されました。その後、AIも技術的な課題などが見え隠れする中、今まで安泰と言われていた資格や専門職ですら、将来の保証は何もないという時代にきているのです。

どんな仕事でも一生安泰とは言い切れません。そんなとき、本業以外の収入について考えたことはありますか？

あなたが会社の給料以外に、将来も稼げる手段を10通り以上あげてみてください。金額の過多は問いません。仮に月にわずかの小遣い稼ぎでも、老後まで続けられると思ったら、とても大きな支えになりますから。

どうでしょうか？　あげられましたか？

例えば、比較的スキマ時間でできそうなことから順に、次のような収入源があげられるでしょう。

- アンケートやモニター協力に対する報酬
- モノの交換による差益（フリーマーケット等）
- シェアすることによる対価（民泊・車・自転車・配達・家事等）
- 動物や自然などの写真などの著作権収入
- 絵やイラスト・デザインなどの制作料・著作権収入
- 原稿や小説、シナリオなどの執筆による原稿料・著作権収入
- 詩や音楽などの制作料・著作権収入

・モデル（年齢問わず可能性あり）などの出演料・肖像権収入
・歌や朗読、演奏などによる出演料
・広告宣伝紹介料（YouTubeやアフィリエイト等）
・商品等の口コミによるネットワークビジネスの権利収入
・Web製作・スピーチ・講演など業務委託報酬
・個人から依頼される相談・コーチング・カウンセリングなどの報酬
・株式や債券などの投資による配当収入や差益等
・教室やワークショップ開催などによる収入
・家賃収入など所有するモノや権利に対する対価

いかがでしょうか？　意外とあると思いませんか？

このように10通り以上の稼ぎ方があげられるようになると、本業以外の安心材料にもなります。すると、将来のいろいろな収入源に対する情報収集なども意識できるようになり、あなたの稼ぐ力が確実にアップしてくるはずです。

04 副業・兼業、フリーランス・自営業の違いとは？

さきほど、稼げる手段をあげましたが、最近は会社勤めをしていても副業ができるところが増えてきました。

「副業」というと、本業以外の仕事を指しますが、似たような言葉に「兼業」もあります。それらの違いは言えますか？

実は、法律上「副業」「兼業」の定義はないのですが、感覚として次のイメージは持っておくと、将来の仕事のレパートリーを広げるのに役立ちます。

〈副業〉

「副業」は本業以外の仕事。収入や労力が本業より少なく、あまり大きな責任を伴わないことが比較的多いようです（パート・アルバイト・在宅ワークなど）。目的も時間に対する報酬、つまりお金を得るためと割り切っている傾向が強いと言えるでしょう。

〈兼業〉

「兼業」は、もう一つの事業を持っていること。いわゆる「パラレルワーカー」「パラレルキャリア」「複業」はこちらに含まれます。例えば、会社勤めの人が、自営業やフリーランスで仕事をするなど、自分のビジネスを持つイメージで、目的もお金のためというより、生きがいや自己実現のためのほうが傾向として強いようです。

この「副業」「兼業」について、2018年、厚生労働省が「副業・兼業の促進に関するガイドライン」を作成し、「モデル就業規則」から副業禁止の規定を削除しました。

図1　働き方

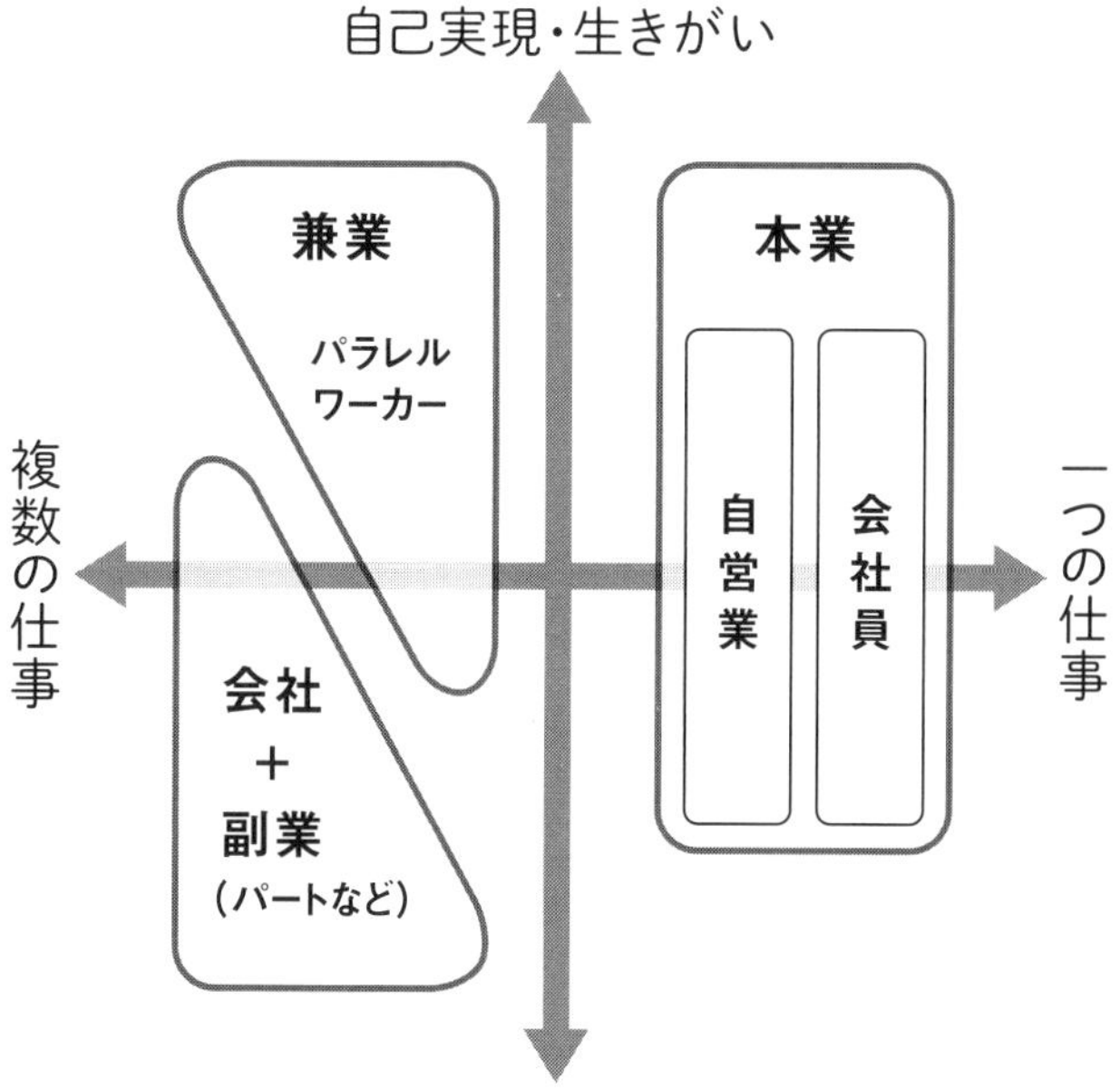
自己実現・生きがい
兼業
パラレル
ワーカー
本業
複数の仕事
自営業
会社員
一つの仕事
会社
＋
副業
(パートなど)
お金・生活のため

「兼業」「副業」のメリットとしては、本人のキャリア形成・自己実現・所得の増加などがあげられる一方、留意点としては就業時間管理や健康管理、職務専念義務・秘密保持義務などがあげられ、今後も、国をあげて柔軟な働き方に向けて推進されていくと思われます。

しかし、稼ぐことばかりに目を向けていてはいけません。

何より大切なのは、あなたの健康管理とやりがい、そして仕事や社会に対する責任の全うでしょう。がむしゃらにやって健康を害したり、またはいい加減にやって無責任に放置したりしたら、あなたの信用にかかわってしまいます。

仕事の時間管理や健康管理はあなた個人で心がけるしかありませんが、勤め先企業の上司や周囲の人たちを味方にできるかどうかもとても大事なことです。ぜひ職場の上司や同僚などとのコミュニケーションも大切にしてください。

【予備知識】自営業とフリーランスの境界線はない

先ほど、兼業に関して、自営業やフリーランスという言葉を出しましたので、もう少し、定義・その意味を整理してみましょう。実は、「自営業」という言葉は、大きくざっくりと自ら事業を営んでいる人全体を指す総称なのですが、個人事業主やフリーランスなどと混乱しそうなので、違いを見てみましょう。

〈個人事業主〉
「個人事業主」は、法人を設立せずに「個人」で「事業」を営んでいる人。税務署に「開業届」を出して事業所得を申告する人としての税法上の呼び名です。

〈フリーランス〉
「フリーランス」は、会社などと雇用関係を結ばずに、独立して案件ごとに業務を請け負う働き方を指す言葉。多くが単発の仕事ごとに業務委託契約や守秘義務契約などを結ぶタイプです。雇用関係はないので、自由度は高いですが、仕事の納期に追われるなど自己管

図2　自営業・フリーランスの関係

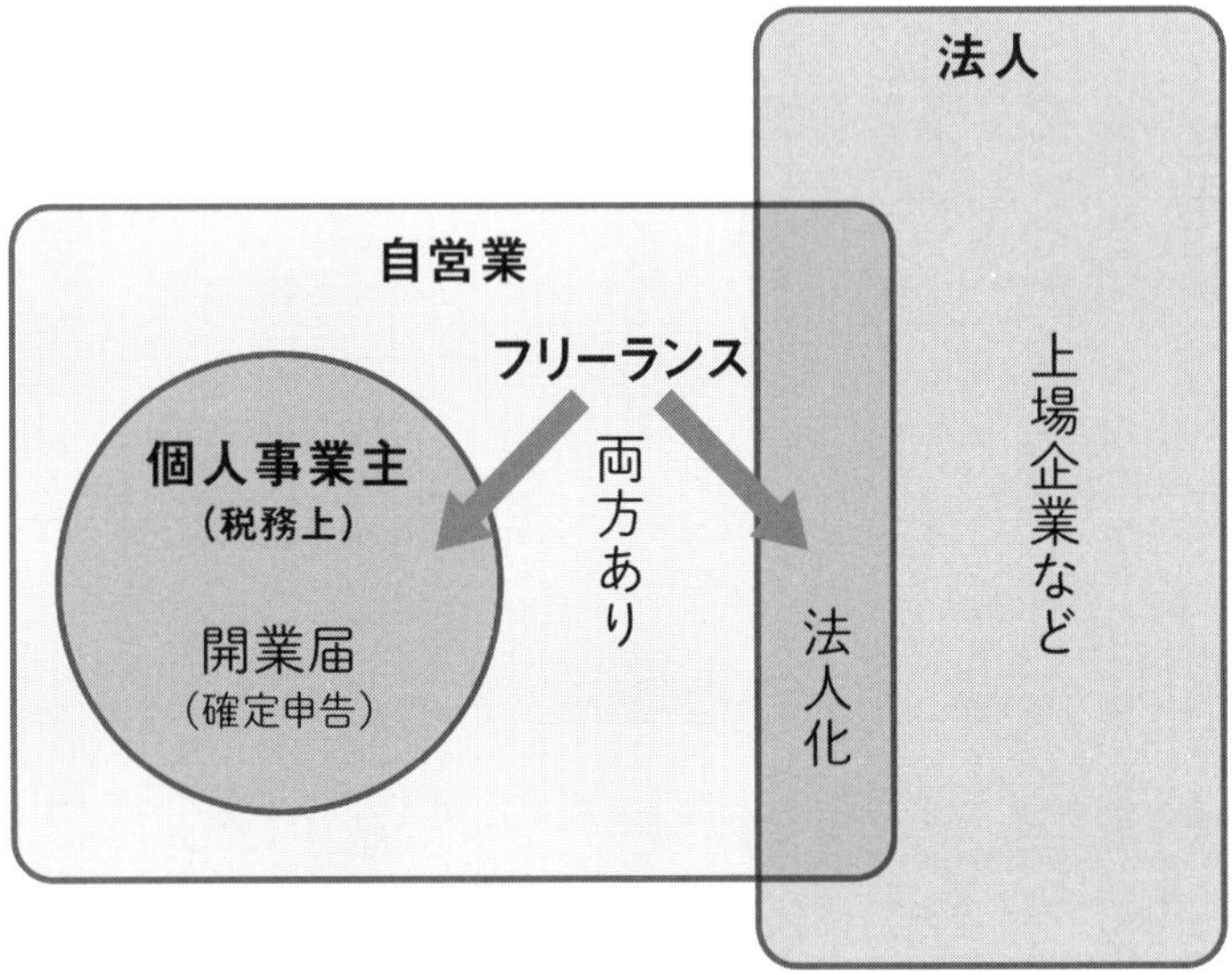

理も重要になってきます。

その関係性を表したのが図2です。

実際には、フリーランスの方の中でも、個人事業主として税務申告している人もいますし、法人化して税務申告している人もいます。株式会社も資本金1円から設立できる時代ですから、法人を設立して会社の社長になっていても、自分で事業を営んでいるという意味で、自営業と呼ぶこともよくあります。

なお、アメリカのレポートによると、最近の5年間でフリーランスが大きく増加し、2019年に全就業者の35％を占めるほどになったそうです。その中には、兼業・副業者もいますが、全体の3分の1を超えてきたのは目を見張りますね。同レポートによると、２０２７年には就業者の過半数を超えるだろうと予想されています〈Freelancing in America:2018(Upwork Global Inc.)〉。

ここまでで、自分で仕事をする際にもいろいろな形態、働き方があることがわかりましたね。

ただし、これだけはもう一度口酸っぱく伝えさせてください。

自分らしく働こうと、副業や兼業を検討するのは素晴らしいことですが、あなたの健康が何より一番です。夕方一つの仕事を終えて、次の仕事、あるいは土日も次の仕事と、労働に追われてしまうのは本末転倒です。

副業や兼業を考える際は、労働収入ばかりで身を滅ぼすことのないように、自分の身体をずっと動かしていなくても収入が入る手段（さまざまな権利収入・配当収入など）も含めて、しっかり吟味してくださいね。

05 これからの働き方の選択肢とは？

働き方について、ちょっと視野を広げたところで、もう一度、自分の近未来を想像してみましょう。自分の5年後はどんな風に仕事をしている姿が目に浮かびますか？

①会社員として一筋
②個人事業主・フリーランスとして一筋
③起業など法人化して一筋
④副業をおこなう会社員として
⑤複業をおこなう自営業者として

①または④をイメージした人

あなたは、会社で仕事をしているイメージが強いようですね。その会社は、今の会社でしょうか？　それとも違う会社でしょうか？

違うと思われた人は、転職などへの情報収集を始める時期でしょう。何事も自分を知って、しっかりと情報を収集することで道は開かれます。

よくある転職紹介サイトに頼らなくても、「こういう仕事をしていたい」という想いを周囲に話していると、知人の紹介などでキーマンに会えることもあります。そうしたチャンスも活かせるように自分の好きなこと、強み、大切にしていることなどを整理しておきましょう。

②または③をイメージした人

組織に縛られず、比較的自由なライフスタイルを好む方ではないでしょうか？

アイデアも豊富で、行動力もあり、ご自身で何らかの業務をやっている未来を描けるのは素敵なことです。

ただし、会社員と違って、何時間働いたとしても、何の保証もありません。まさに自己責任の厳しい波にさらされていくので、自分の業務に対する覚悟が何より大事になります。例えば、会社から仕事の依頼を受ける場合も、時間ではなく、業務内容や成果で報酬が決まることがほとんどです。また、イベントやワークショップを主催して、仮に誰も来ないこともあるかもしれません。でも、誰も来なかったとしても、自分がやると決めたからには、一人で録画を撮るなどやり続けたほうが、その後で成果につながっていくものです。

自分で選んだ道として、コツコツと地道に積み上げていくことを楽しめるくらいになってくださいね。

⑤をイメージした人

あなたは、なかなか柔軟な思考の持ち主で、やりたいことが複数あるようですね。

複業は、何と何をイメージしていますか？　注意しないといけないのは、その複数の事業の一部が自分らしい生き方や価値観に反していたりすると、二重人格っぽい行動や裏表のある人間に思われてしまうリスクもあることです。

また、片方の仕事ともう片方の仕事に相反する利害関係が生じてしまい、信頼関係にひびが入ったり、板挟みになって悩むこともあり得ます。時間的体力的にもハードで、健康状態に影響が出てしまうことも避けなければなりません。そうならないために、まずは、自分の在り方や大切な価値観をベースにした事業であることが大事です。

いかがでしょうか?

こうやって、あなたの働き方についてチェックしてきましたが、社会や仕事について、ある程度の知見と実績が伴ってきている29歳だからこそ、本来の自分自身のためにこれからの仕事に向けて選択することが可能になってきています。

現状はさておき、もう一度、自分の理想の働き方を想像してみてください。

わくわくした気持ちになったら、それです! その感触を大事に自分を磨いていきましょう。

06 結婚をイメージしてみる

あなたらしい働き方を考えたところで、今度は、その仕事をしながらの生活プランをあげてみましょう。思い切って、TVドラマのように「こんな生活！」というプランをあげて良いのです。

その際、仕事のほか、パートナーや家族、住まいなどがキーワードになってくるでしょう。あなたは、今、パートナーがいるかもしれませんし、いないかもしれませんが、お互いのアイデンティティは大切にしたいですよね。

民間の調査によると、「男性の約4人に1人、女性の半数以上が『専業主婦（主夫）になりたい』」（ワタベウェディング株式会社「家事に関する意識調査結果」）そうですが、結婚して片方が専業主婦（主夫）という考え方は、経済的な力関係が生じてしまい、お互いの存在や価値観を尊重できなくなるリスクがあります。後述するように、最近は、経済的な理由から、共働きが増えていますが、むしろ、そのほうがお互いの自立心が保たれ、年数が経つにつれて自分の趣味など時間も持てて、いい距離感で夫婦関係が長続きすると言えるでしょう。

では、あなたの人生プランをより具体的にするために、結婚や出産の実情について整理してみましょう。今後のお金のかかり方の目安にもなると思います。

(1) 結婚は自由と引き換え?

結婚に踏み切れない理由としては、自分の生活リズムや生活スタイルが崩れるのではないか? 自分の時間が取れなくなるのではないか? お金も自由に使えなくなるのではないか? という声が多いようです(国立社会保障・人口問題研究所「結婚と出産に関する全国調査」より)。

40代以上になると確かに自分の生活リズムや生活スタイルが染みついてしまって、パートナーと合わせるのが苦痛になる可能性はあります。

しかし、まだ30歳前後の人であれば、そこまで固執せずに、パートナー候補になる人の興味深いところを真似して楽しむくらいの気持ちをもてるのではないでしょうか。

また、時間やお金の問題は、パートナー同士のコミュニケーションでも十分解決できます。相手と自分の大切にしている価値観を理解し合えるように、自分の好みややりたいことの共感を得られるように伝える努力は惜しまないでくださいね。

(2) 10万円で結婚式も

同調査によるともう一つ、結婚したくても結婚資金が障壁になっている人も多いようです（男女とも4割以上）。

その結婚資金の相場は、同調査では、婚約・式・指輪・新婚旅行合計費用（約435万円）からご祝儀（約195万円）を差し引くと約240万円相当が平均。一般的にはこれを二人で準備するのが一つの目安とも言えるでしょう。

ただ、結婚式は本人や両家の価値観が初めて合体するイベント。結婚式にかかる費用も実はピンキリで、家族のみでよいという場合は100万円未満ですむ場合もあり、さらに、写真だけでいいという場合は、10万円相当でも結婚という儀式は可能だったりします。

これもしっかりパートナーと話し合うことがお金の問題の解決につながります。

（3）出産にかかるお金と国の援助

出産を考える場合、会社員はもちろん、パート・派遣・契約社員でも会社に雇用されている女性なら、産休（産前産後休業）が取れます。

その間は社会保険料の免除もあるというメリットのほか、条件を満たせば健康保険からかなりまとまったお金として出産手当金も支給されます。

出産手当金は、産休中に収入が減るのを補てんする目的の制度で、職場の健康保険に加入している女性本人に対し、賃金の約3分の2相当額が支給されます。例えば額面の月収が25万円の場合、産前産後の約3カ月強の休業に対して約54・4万円が受け取れる計算になり、その間の母体の回復費用や支出の補てんに役立てることができます。

一方、自営業者には産休はありませんし、残念ながら、出産手当金もありません。これは大きな処遇の差になってしまうので、単に出産するから会社を辞めてしまうのではなく、その先のことをよく考えることが大切です。

とはいえ、自営業者でも会社員でも一様に出産で受け取れるお金があります。それは、出産費用を賄う目的の出産育児一時金です。赤ちゃん1人に対して42万円、双子なら2倍になるので、産後に個室で差額ベッド代などがかからない限り、ほぼ出産費用は出産育児一時金でカバーできると思っていいでしょう（厚生労働省「あなたも取れる！産休・育休」）。

（4）仕事と子育ての両立は可能？

結婚してからの子供や仕事の持ち方として、統計では、専業主婦（主夫）コースの割合はどんどん減って、今や再就職コースや仕事と家庭の両立コースが増えています（国立社会保障・人口問題研究所「結婚と出産に関する全国調査」より）。

昔もそうでしたが、今でも、仕事と子育ての両立については、さまざまの意見があり、さまざまな方法が提案されているのです。

ただ、結婚せず働く「非婚就業コース」が理想では少なくても、「そうなりそう」という予定コースで増えているのは気になります。

もし結婚した場合は、会社員としての育児休業や、自営・フリーランスでの自分の時間管理など、やりくりする対策はあるので、希望を捨てる必要はないと思います。

（5）子育ての時間VSお金

子育ては時間とお金（働き方）の問題が大きくかかわってきます。

会社勤めの場合は、就業規則などで拘束される時間があるので、**子育てとの両立は、子育て支援制度を活かせるかどうかが大きな鍵**になります。その制度とは、法定の育児休業制度から、会社ごとの規則によるフレックスタイム制度、短時間勤務制度、在宅勤務制度などがあげられます。

育児休業制度は、原則として1歳に満たない子（延長すれば2歳まで）を育てるために会社を休むことができ、休業前の賃金の約3分の2が給付される制度。

仮に月収25万円なら、子1歳で復帰するとして育児休業給付金は総額約150万円。夫婦ともに対象で、社会保険料が免除されてお金がもらえる有難い制度ですが、一定の就労条件（同じ会社で1年以上働いていることや、子供が1歳の誕生日以降も同じ会社で働き続ける予定でいることなど）を満たしていないと対象とはなりません。

しかも、本来は雇用形態を問わず法律で認められている権利ではあるものの、非正規社員の利用は3割～4割程度とまだまだ浸透していないのが現状のようです。

制度があることと実際に活用しやすいかどうかは別問題。

実際に自分の業務内容や職場の雰囲気などによっても大きく変わってきます。子供が欲しいなぁと思い始めたら、できるだけ早くから保育園の事情はもちろん、職場の環境として取得している先輩の有無など調べておくことが大事です。

一方、自営業やフリーランスは、自分で働く時間を比較的コントロールすることができる環境にあるので、子育て環境と仕事を両立しやすいと言えます。しかし、実際には、仕事を土日祝日にもすることになったり、仕事と家事や子育てのけじめがつかなくなったり、すき間時間などだらだらと夜中まで仕事をする羽目になるなど、肉体的にシビアなケースも見受けられます。

自営業は、会社員のような育児休業制度や有給休暇もなく、所得の補償もありません。どれだけ時間を賢く使って子育てしながら仕事をしていけるか、皆がそれぞれ試行錯誤を重ねながら、自分の仕事のペースを掴んでいると言っていいでしょう。

07 仕事の選択肢を広げる3ステップ

一通りの情報収集や分析をしてきましたが、あなたがこれから長いスパンで働きながら生活するイメージがより具体的に描けたでしょうか？

社会の変化、稼ぎ方が変化しているこの時代に、この先、働かなくて大丈夫という道はほとんどありません。ほとんどすべての人は、働かなければ生きていけないでしょう。

結婚や出産などを近い将来に控えるのなら、働き方としては、会社員として産休や育児休業をとれそうかどうか？　それとも、自営業で自分のペースで時間管理をするか？　など考えていくことが必要です。

どちらにしろ、長く働けることが一番。そのために、自分の仕事の大切なテーマや鍵を見つけたり深めたりできる身近なアクションに今から着手しておきましょう。

それは、1．人脈づくり、2．自己紹介の練習、3．自分の深掘りの3点です。以下、具体的にご紹介しましょう。

1．人脈づくり

人脈をつくるとは、新たなチャンスを探すために人の集まる場（オンライン含む）に参加することです。

まず、主催がどこかを必ず確認し、仕事に関する目的やテーマが自分に合っているかを考えて交流会などに参加すると、比較的「外れ」と思うことが少ないでしょう。

その際、ただ知人の勧めだけで行くのではなく、主催者の目指している世界が自分の大切にしているテーマに近いかを必ず確認しましょう。セミナーや勉強会などの参加費として、月収の5～10％までを1カ月の予算としてスタートするといいと思います。

そして、場所や人の雰囲気が自分にとって違和感がないかを感じとって、自分の感覚を磨いてください。

告知されている会場の雰囲気や過去に参加している写真などをSNSなどで確認し、居心地が良さそうかどうか、そこで自分が楽しく話している姿を連想できるかをチェックしておきましょう。

2. 自己紹介の練習

さぁ、せっかくの交流会に参加することを決めても、そこで満足のいく自己紹介ができなかったら、あなたのことが周囲の人に十分に伝わりません。自分が堂々と笑顔で挨拶して話せる服装・格好を決めましょう。そういう第一印象づくりにはお金をかけることも大切です。そして、初対面の人に自己紹介を30秒でできるよう練習しておきましょう。

自己紹介が苦手という人はぜひ、自分の過去の経験の洗い出しをしてください。

例えば、幼稚園・小学校・中学校・高校・大学・社会人時代の思い出を書き出してみましょう。これは、少し時間がかかるかもしれませんが、自分の小さいころからの癖や特徴が明確になり、自分らしさを表現する材料として絶対に役立ちます。

もし思い浮かばなかったら、両親や兄弟、友達に「何が印象に残っている？ 当時、私はどんなだった？」と聞いてみてください。

思い出がたくさんあがってきたら、混乱しないように、自分だけの思い出ランキングをつくってみましょう。その順位にあなた自身の大切にしている価値観がわかり、あなただけの個性や生い立ちストーリーが明確になります。その結果、あなたらしさが光り、人にも伝わりやすくなります。

3. 自分の深掘り

自己紹介で興味を持ってくれた人に、もっと共感や賛同を得られるように、自分のやりたいことについて深掘りしておくと、話もしやすくなります。深掘りの切り口は、やっぱりあなた自身の得意分野や興味ある分野ですね。

すぐに取り組めることとしては、興味のある分野の書籍を3冊以上読んでみることです。ネット上で、書籍のタイトルと目次を見ながら、読みたくなる本を探してみましょう。本はとても情報が凝縮していて効果的な自己投資です。

スキルを磨く技術的な本や、資格に関するものでなくても、大好きな小説やアートに関する本など、あなたが興味のあるものなら、必ず役に立ちます。

3冊は目を通して、大事だと思った箇所をメモにしておくと、いろんな場面でネタや話題に困らなくなるでしょう。

さらに、資料館・博物館などにも足を運んでみると、頭だけの理解だった部分が実体験・疑似体験を伴って説得力を増してきます。

そして、興味のあることを知って、体験して深まってきたことを最終確認する効果的な方法が、鏡の前で話しながら、自分の表情をチェックしてみることです。

まずは1分程度でよいので、自分の好きなこと興味あることやりたいことについて、鏡の前で思いつくままに話してみましょう。

その表情を自分で見てみて、楽しそうですか？

それならOKです。もし、楽しく話せていないと思ったのなら、他のテーマに切り替えながら、自分の感情や表情を確認してみましょう。

鏡は全身が映る鏡があると、顔だけでなく、身振り手振りや姿勢などからも自分自身を感じる力が高まりますよ。

まとめのワーク 01

Q1: あなたは今後、どんな働き方を目指していきますか?

□会社に所属

□個人事業主やフリーランス

□会社員でも副業

□自営業で複業

□その他(　　　　)

Q2: その働き方は、今後、家庭や家族の状況変化があっても ずっと続けられますか?

□続けられる

□途中で働き方を変えていく

□わからない

Q3: ずっとイキイキと働けるために今からできることは何ですか?

□人脈づくり

□好きなテーマの勉強

□スキルの習得

□独立や起業の準備

□健康管理

□その他(　　　　)

第2章

健康とお金

激務よりも健康なほうが
お金は増える

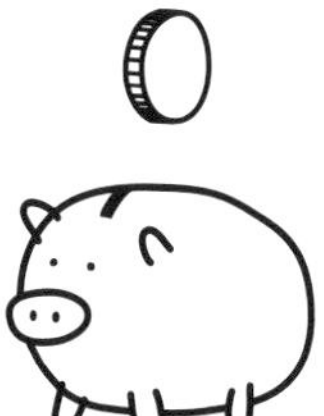

08 健康であればお金は増える？

アラサーは、１００年人生のレースでいえば、前半3割を経過した通過点。

でも、既に体力やお肌の衰えなど、健康の悩みを訴える声は本当によく聞かれます。冷え性で疲れやすい、足もむくみやすい、肩こりや頭痛はしょっちゅう、目の下のクマやほうれい線も気になる……。何を隠そう、私自身も身体が悲鳴を上げているのに気づかず、26歳頃から婦人科、内科、整形外科のお世話になりっぱなしだったのです。

もし、アラサーでこんな状態に悩んでいるとすると、今後約70年間をこの身体でやっていけるか不安になりますよね。歳をとっても健康で生きていけるのか、あちこち身体の修復のために医療費などお金をかけていかざるを得ないか、この差は計り知れないほど大きなものです。

では、「健康」とはどのような状態を指すのでしょうか？

1948年設立の世界保健機関（以下、WHO）憲章の前文にある定義が有名で、以下のように訳されています。


「健康とは、病気ではないとか、弱っていないということではなく、肉体的にも、精神的にも、そして社会的にも、すべてが満たされた状態にあることをいいます」（日本WHO協会訳）

「肉体的にも、精神的にも、そして社会的にも、すべてが満たされた状態にあること」


いかがでしょうか？

しかも、OECD（経済協力開発機構）各国における成人の健康自己申告のデータを見ると、なんと日本は調査対象35カ国中ビリ。男女とも自分が健康と思っている人は30％程度しかいないようなのです。

なお、この調査では米国が一番。不思議に思われるかもしれませんが、自己申告によるデータなので、**私たち日本人がいかに健康に自信のない民族なのか**、ということがわかるとも言えるでしょう。

実際、健康に対する不安がある中で健康づくりにスポーツをしたり、ジムに通ったり、若さを取り戻すためにエステや高価な化粧品に変えると、それだけお金もかかりますよね。しかも、ある程度の成果が出るまで時間もかかります。

一方、お金の節約を優先して健康を二の次にし、食事のバランスで手を抜いたりすると、栄養不足で免疫力も代謝も落ちて、低体温や冷え性、そしてむくみなど、身体からのアラームが強くなり、それこそちょっとした風邪やケガやアレルギーも出やすくなって、その治療費支出もバカになりません。


つまり、**お金も健康も一朝一夕に改善できるものではないのです。**これだけは、うわべだけでは改善できず、地道な積み重ねが重要です。

ここで「地道な」というのには訳があります。目に見える変化が出にくくても、私たちの身体の細胞は適切なサイクルで生まれ変わっているからです。

人の身体は約60兆個の細胞でできていて、1日に約1兆個が入れ替わると言われています。その中で、入れ替わりのスピードが比較的早い細胞から、遅い細胞まであるわけです。

特に新陳代謝が早い細胞には、「表皮」「角膜」「消化器系上皮組織」などがあげられ、強い胃酸にさらされている胃の粘膜などは約3日、小腸の微絨毛なども1日～2日と短期で入れ替わる代表格です。

特に女性が気になる肌の細胞も、新陳代謝が正常ならば、20代で約28日周期ですが、老化現象に任せていると30代で40日周期と遅くなっていきます。

また、血液（赤血球）の細胞の入れ替わりは約120日、脳などで早い細胞なら1カ月で約40％が、遅い細胞なら約1年で入れ替わると言われています。骨もゆっくりと入れ替わる細胞で、成人なら1日に約1gずつ、3～5年で入れ替わると言われているのです。

このように一つ一つの細胞が代謝を繰り返しながら日々の私たちの身体や健康状態を維持してくれていると思うと、今何かをやりはじめるのと、しないのとでは、3年後5年後に大きな違いが出てくると思いませんか？

自分の身体をないがしろにしていては、年齢以上に衰えて仕事も遅くなる、やる気が出ない、収入は伸びないと、ナイナイづくしになりかねません。お金と並行して健康のことは、今後のあなたの人生の大事な両輪なのです。

09 「まだ若いから……」はいつまでも通用しない

まだ実感がわかないかもしれませんが、年を重ねていくにつれ、**頭の中の自分の身体と、リアルな自分の身体との間に大きなギャップが生まれてきます。**

今までスポーツをバリバリやっていた人でも、30歳そこそこで慣れているはずのスポーツでケガをしてしまったり、健康診断で高血圧の症状が出てきてしまったり、お腹周りなど生活習慣病が気になり始めたりと、健康でいる自信がなくなり始めている人もいます。

そうこうしているうちに、親の介護を目の当たりにして、介護をしながら自分の気持ちまで一気に老け込むケースも他人事ではありません。

今はまだ想像がつかないかもしれませんが、誰にでもその時はきます。

あなたは大丈夫ですか？　いつまで健康で若々しくいたいですか？

次で人生のステージを見てみましょう。

★年代の変化による人生のステージの変化の例（家族・仕事・お金など）

□30代（夫婦・子供など家族形成期：仕事も慣れ、家庭と両立の時期など）
□40代（子育てなど家族育成期：仕事と子育て家庭の両立の時期）
□50代（人生折り返し期：人生後半の稼ぎ方や過ごし方を整理していく時期、ただし、親の介護が始まるかも？）
□60代（子育てから解放され、仕事や仲間など自分に向き合える時期、ただし親の介護があるかも）
□70代（趣味など自分のためのテーマを持って人生を送れる時期）
□80代（人生の終わりをどう迎えるか、整理をし始める時期）
□90代（やり残したことなど、人生を全うするための時期）

いかがでしょうか？

30代以降もこれだけのステージが待っているのであれば、できるだけ健康な状態で過ごして、願わくは、最期まで元気で「ピンピンコロリ」でいきたいと思うのはあなただけではないでしょう。

また、「いつかは子供が欲しい」という想いがあるとしたら、男性でも女性でも、とにかくしっかりと自分の身体を今からケアしていくことが何より重要です。なぜなら、あなたの身体の細胞そのものから次なる子供の細胞が生まれてくるのですから。

仮に子供を産むのは30代くらいまでは大丈夫だろうと思っていても、最近は次のような傾向が出始めているのです。

10 若いころの健康状態が出産に影響する

若いうちは、異性と性行為をしたら簡単に子供ができると思っていませんか？　実は私もそうでした。ところが、本当に子供が欲しいと思い始めた頃には、身体がかなり疲弊していて、子供を産めない身体になるかもしれないという状況さえありました。

私の経験に限らず、今も同じような傾向が見られます。

実は、WHOの調査によると、**通常のカップルのうち約15％は不妊症、つまり7カップルのうち一組は不妊に悩んでいるというのです。**

ちなみに不妊症の定義は、WHOのマニュアルによると、「避妊しない性行為によって少なくとも12カ月経過しても妊娠にいたらない場合」とされています。

WHOは、男性にのみ不妊原因があるカップルが24％、女性にのみ不妊原因があるカップルが41％、男女ともに原因があるカップルが24％、原因不明が11％と報告しており、女性ばかりでなく、男性の原因も増えていると指摘しています。また一般的に女性は年齢が上昇すると妊娠しづらくなりますが、ブライダルチェックを受けた男性の約1割で、精子数の減少や運動性の低下、さらに無精子症が認められ、結婚前からの男性不妊兆候も問題視されています。

これは、若くて元気で健康なはずであるアラサー男女が、どうやら健康的でなくなっているという一つの現れではないでしょうか？

なぜ、本来の人間の生殖機能にまで問題が出てきてしまっているのでしょうか？　これにはいくつかの原因が考えられます。

□食事で十分な栄養がとれていない

朝食を抜いている、購入する野菜の栄養価が低下しているなどにより、1日に必要な栄養素（タンパク質・炭水化物・脂肪の三大栄養素と、ミネラル・ビタミン・アミノ酸による微量栄養素）がバランスよくとれていない

□全身をほどよく動かす運動が不足している

デスクワークが多い、スマホを凝視する生活など、ほどよく全身運動をする機会が減っている

□睡眠の質がイマイチ

夜型ライフスタイルの増加やブルーライトの影響、眠りが浅く、リラックスできていないなど

□社会環境面から、有害な化学物質や電磁波、食品の添加物などが増えている

大気汚染・水質汚染・土壌汚染はもちろん、最近は海の生物でも問題になっているマイクロプラスチック（数ミリ以下のプラスチック）の蓄積など、普通に暮らすだけでも人体が悪影響を受けてしまいがち

いかがでしょうか？　思い当たるものはありましたか？

健康は見た目だけで判断することはできませんし、**若さだけを頼りに人生を考えていてはいけない**ということがわかりますね。

11 健康を害すると、どれくらいのお金を失う？

では、次で健康的でない場合のお金への影響もみていきましょう。
まず、健康的でなくなると、お金の面で、次の3つの影響が出てきます。

(1) 稼ぐ力が衰える

体調が悪いと当然、毎日の仕事へのやる気にも影響がでてしまいますよね。集中すればすぐに終わる仕事も、残業しないと終わらなかったり、身体がリラックスできず仕事を休みがちになったりしてしまうことも考えられます。

生活習慣病の通院も、仕事との両立に悩む声は多いですし、前述の不妊治療ですら、通院のために仕事を続けにくくなって、退職したり、雇用形態を変えた人がいるくらいです。

病気などで仕事ができなくなると、当然、この先、働いて入ってくるはずの収入が減少することが大きな問題としてあげられるでしょう。仮に働いて得るお金が年間300万円だったとして、**5年間働けないと1500万円、10年間働けない期間が長引くと3000万円ものお金を受け取れる機会を失ってしまう**ことになります。

(2) 治療費などの支出が増える

健康を害すると、まずは症状を楽にして治そうと、医療機関にかかり、薬を処方してもらうことがほとんどでしょう。厚生労働省が発表している1人当たりの医療費は、25歳〜29歳はまだ年間10万円程度ですが、**65歳で約50万円、85歳以上になると年間100万円以上**になります（厚生労働省「年齢階級別1人当たり医療費（公的医療保険）（年額）」）。

今の健康保険制度では、私たちが医療機関の窓口で払う自己負担はその3割が一般的で、その負担が多くなった場合は、所得に応じて1カ月に一定額を超えると健康保険から補てんされる高額療養費制度もあります。

しかし、実際には健康保険が適用されない出費もあり、例えば入院時なら食費や入院服のレンタル費用やテレビカード代など、少人数部屋を選べば大部屋との差額料金などが発生することもあります。通院ならタクシーなどの交通費もかかるでしょうし、家で食事をつくる元気がなければ、お惣菜などの食費もかさむでしょう。

さらに前にあげた不妊症の治療費も、健康保険適用と適用外の治療があり、保険適用外の体外受精など生殖補助医療は、1回20万円～70万円になることもあるようです。

なお、指定医療機関で実施した体外受精及び顕微授精については期日までに申請することで助成金が出るので、情報収集も欠かせません（厚生労働省「不妊のこと、1人で悩まないで」「不妊専門相談センター」の相談対応を中心とした取組に関する調査）。

（3）お金に関する契約が結べないことも

3つ目は、健康でないために、欲しくても買えない、契約できない事態があることです。例えば、生命保険に加入したい・見直したいという状況になっても、健康状態によって新しい保険契約ができない場合や、住宅購入時に大抵の人が借りる住宅ローンの手続きで、団体信用生命保険（以下、団信）の健康審査をクリアできなくて借りられないことがあげられます。

詳しくは5章で触れますが、保険はもともと健康状態のいい人たちが、万一将来の病気やケガなどによって経済的に苦しくなったときに一定の給付を受け取るという加入者の助け合いの仕組みです。

そのため、**健康状態が悪化してからでは普通の保険契約が厳しくなります**。仮に、10年ごとに更新するような生命保険に入っていて、途中でもっと保険料（掛け金）が低いものに乗り換えようと思って申し込んでも、新しい保険で健康状態の審査をクリアしなければ、やはり、契約の乗り換えはできません。

かといって、健康に不安があると保険そのものを解約できるような状態でないでしょうから、保障を続けざるを得ず、そのまま更新してしばらくは高い保険料（掛け金）を我慢して払い続けることになるでしょう。

また保険は、住宅を担保に数千万円規模の借り入れができる住宅ローンにも連動してきます。数千万円という借入額なので、返済期間中に死亡や一定の障害状態になったときは残っている借入残高分を保険で清算するという団信が、原則として必須になっているからです。

これは住宅ローンを最初に借りるときだけでなく、より金利の低い他の金融機関の住宅ローンに借り換えをしたいと思って申し込む際にも、同様に健康状態が問われます。

実際に、高血圧で薬を飲んでいるなどの告知をしたことで、団信の審査をクリアすることができず、借り換えができなくて泣く泣く高い金利のまま利息を払い続けるという人もいます。

その利息の差が合計で何百万円にも相当することがあるので、再度借り換えにチャレンジするためには、2年〜5年程度は医療機関のお世話にならないことが必要で、やはり健康になっていくことがとても大事です。

このように保険でも住宅ローンの団信でも、多くが**過去2年から5年程度の健康状態を問われる**ので、そのくらいの期間を健康で過ごしている状況でないと、よりよい契約にチャレンジできないのが現実なのです。特に3番目の項目は、実はあまり知られていない盲点ですが、これも経済的な影響が大きいので、注意が必要です。

これらの3つをトータルした影響について、私は経済産業省「2013年〜2014年度地域ヘルスケア構築推進事業」において、1190人の生活習慣と家計の関係を調査したことがあります。

図3　不健康で失うお金の分布

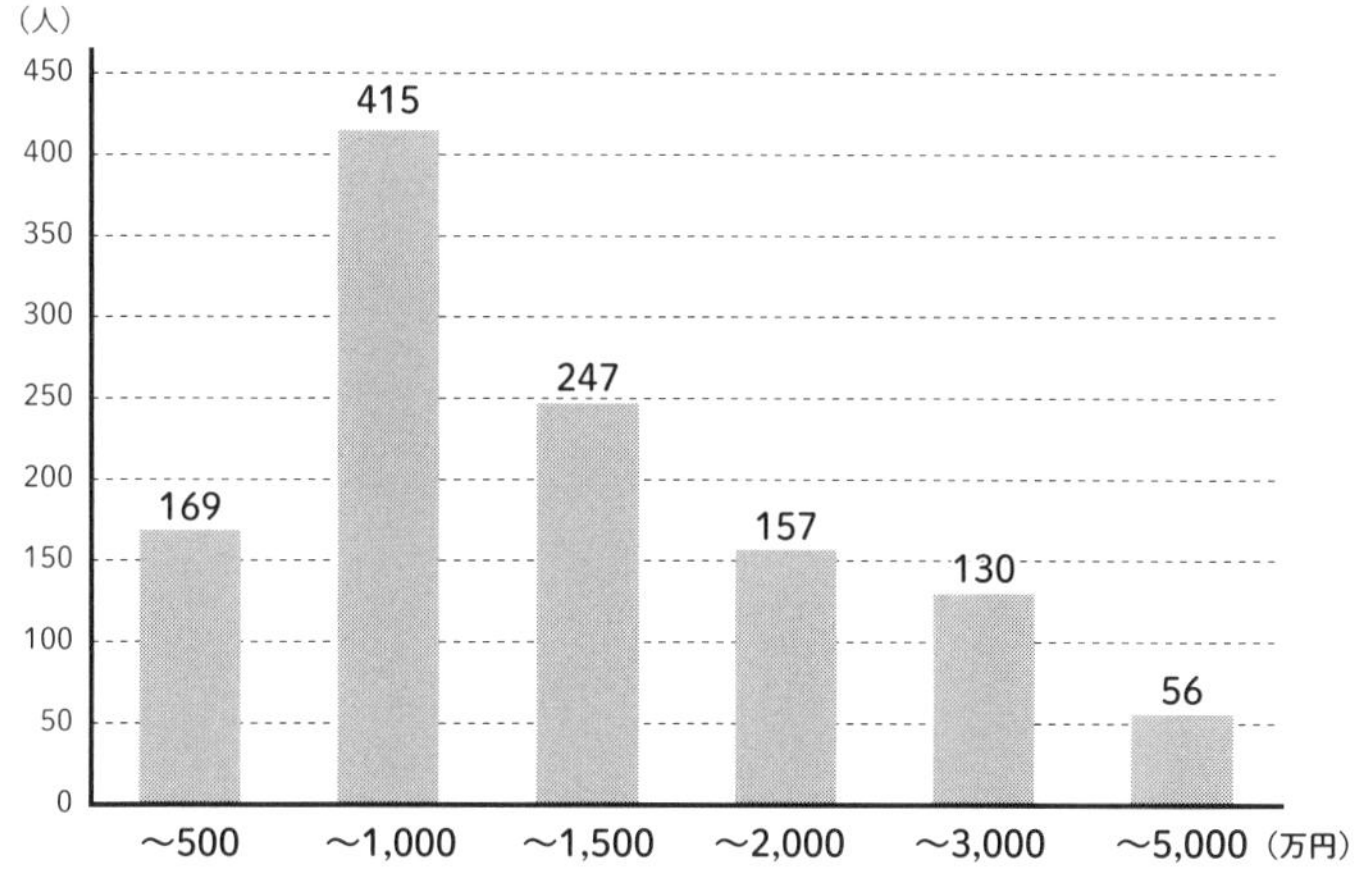

※調査対象は、20代から90代まで1,190人、もっとも多いのは40代、男女比は6：4

出典：「今後20年間の生活習慣で損するお金トクするお金シミュレーション」トライアル実施報告（2014年2月）より抜粋

その際、偏った食生活・喫煙・過度な飲酒・運動不足・ストレス・睡眠不足・体重急増・良くない健診結果（高血圧・糖尿病・脂質異常症・腎疾患・肝臓疾患）などが改善されなかった場合、図3のように、今後20年間で平均して1200万円〜1300万円を失うという結果が明らかになりました。

さらに最も失う金額が高い例としては、たばこや飲酒、脂っこい食生活、睡眠不足など不摂生な生活を続け、生活習慣病を発症し、休業や収入減少など影響を受けてしまうと、なんと20年間で失うお金は5000万円以上にも及ぶという数値さえ出てきたのです。

健康を害してしまうと、辛いのは本人だけではありません。家族の心労も計り知れませんし、経済的に対策をとれない事態に陥ってしまうのが一番怖いのではないでしょうか？

では、どれくらい健康と家庭のお金が関係しているかを示すシミュレーションをご紹介しましょう。

家族構成や家計の内容が全く同じ家庭で、片方は不健康な生活習慣の「不健康家計」、もう一方は、健康的に過ごす「健康家計」の比較が次の図4です。

図4　健康家計・不健康家計の比較

【両者の条件】

年間収入400万円、年間支出合計1年目378万円、内訳：住宅ローン102万円
生命保険料26万円、一部支出に物価上昇加味、預金残高のうち300万円は0.1%運用

【健康家計：将来の収支と貯蓄残高の推移】

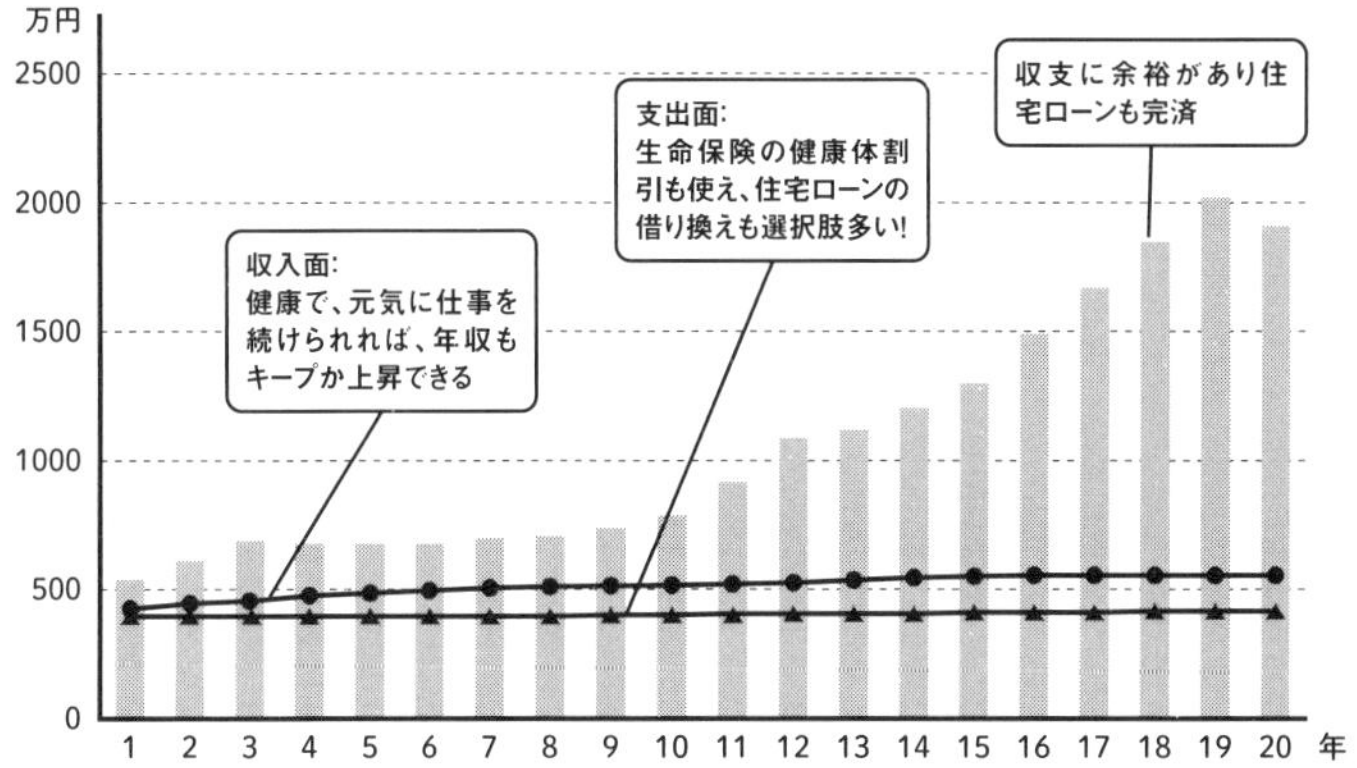

【不健康家計：病気で療養なら将来の収支や貯蓄残高は？】

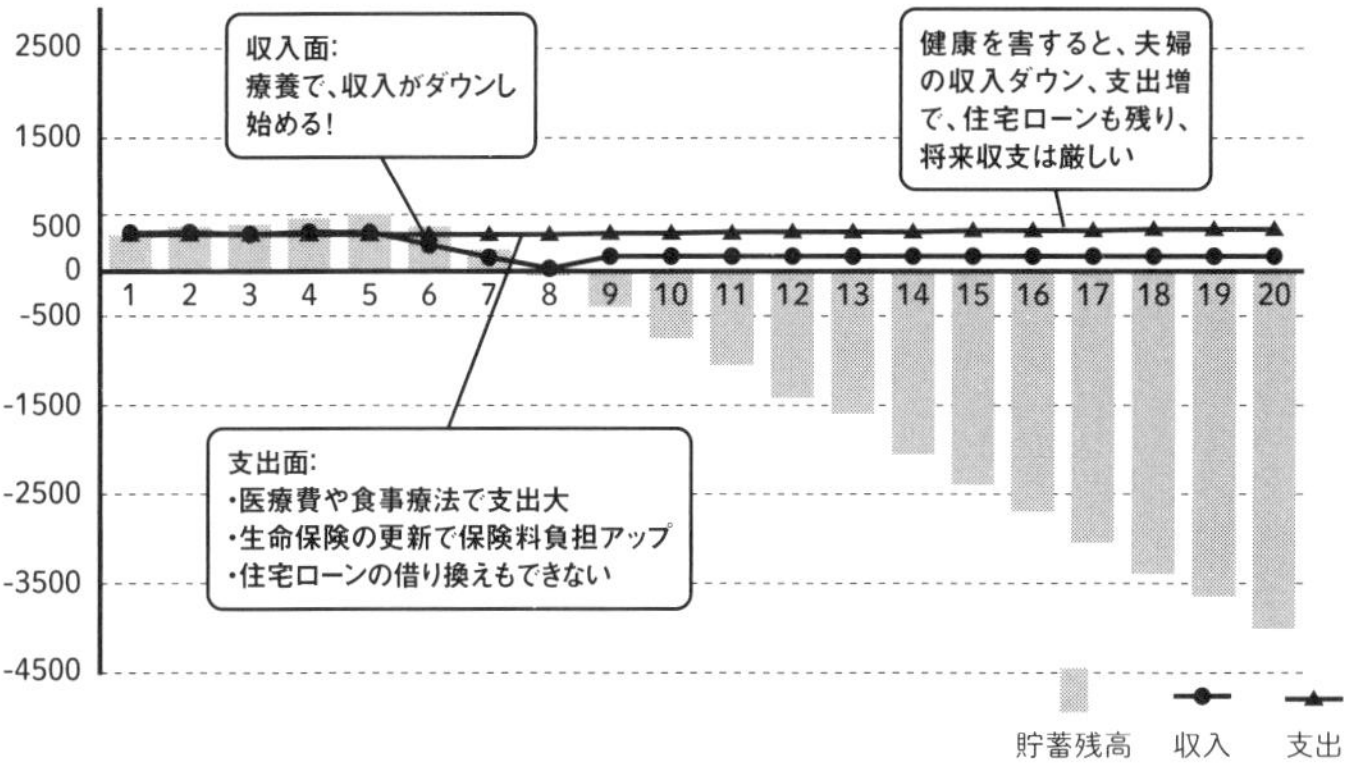

不健康家計は、偏った食事・たばこや過度な飲酒・運動不足・ストレス過多や睡眠不足・健康診断も受けない生活をだらだらと続けていった家庭を表しています。この家計は、生活習慣病などで医療費がアップするだけでなく、生命保険や住宅ローンの見直しができないリスク、仕事の精度が落ちて収入が減るなどで、みるみるうちに家計が赤字に陥ってしまいます（不健康家計グラフ参照）。

一方、健康に対する意識が高く、食生活・運動・睡眠・ストレス発散・定期的な健康診断を心掛けている健康家計では、収入ダウンのリスクも少なく、医療費などの余計な支出もなく、生命保険や住宅ローンなど金融商品も複数の選択肢の中から自分に合うものをしっかりと選べるので無駄がありません。

その結果、**健康家計の将来は、不健康家計に比べると、20年後には数千万円以上もの貯蓄残高の差につながるのです**（図4健康家計グラフ参照）。

12 「お金」が先か「健康」が先か？

このように健康の大切さを再確認しましたが、健康・若さを維持するにもお金がかかりますよね。所得の多い人ほど食事をしっかりとっているというのも、当たり前に見えるでしょう。では、あなたが投資をしていくとしたら、お金が先でしょうか？　健康が先でしょうか？　どちらを先に考えていくとよいと思いますか？

（1）お金が先
（2）健康が先

（1）「お金が先」を選んだ人

あなたは、普段からロジカルに考える癖があるのではないでしょうか？

稼いでお金に余裕があれば、食事や運動、ストレス発散にもお金をかけることができ、その結果、健康的でいられて、お金もまた稼げるだろうというわけですよね。「まずはお金」という考え方は、よくありがちですが、どんどん仕事の鬼になって、健康に手が回らないまま大事な30代を過ぎてしまうという落とし穴が待っていることも否定できません。

「稼げたら、健康に時間とお金を回す」というのは、**いつまでたっても健康に回らない、その前に健康を害してしまう**リスクすらはらんでいます。

（2）健康が先を選んだ人

あなたは、柔軟な考えの持ち主のようですね。

まず健康であるために自分の心身に投資をするという考え方は、「お金が先」という人より結果的にうまくいっている人が多いようです。

まず、家計の負担のないようなストレッチやウォーキング、早起きから始めたり、偏った外食から、自炊に変えるなどお金をかけなくてもできることはあります。また、家計の中から5％、1割分など無理のないペースで、自分の身体に大切な栄養素を補給することなども健康投資としてあげられます。

このようにできる範囲で自分の心身を大切にしていくことが、ひいては、集中力を上げ、仕事の効率を上げ、稼ぐ力にも貢献することになると思ったほうがスムーズでしょう。

もう一つ、人生の大先輩であるお年寄りにもヒアリングした内容をご紹介します。

「とにかく貯蓄を優先してきた」お年寄りは、お金があっても行動範囲が広くなく、孤独で実際に気軽に話せる友達が少なくなりがちです。

よって、誰かに相談したり助け合ったりするというよりも、「病気になったら○○病院でいくらかかる、介護になったら○○施設でいくら必要」とお金で解決する方向に行くため、結局「いつまでたってもお金が足りない」と、健康とお金の不安に陥る傾向が見られました。

一方、「健康を優先してきた」お年寄りは、基礎体力があるので明るく、友達も多く、食生活やレジャーなどでお互いに楽しく過ごせる習慣が身についています。困ったときも助けあうなどお金以外で解決できる策を多く見いだしており、その結果、**お金の不安もなく健康でいられるという生活**を謳歌している人が多いようです。

いかがでしょうか？　お金と健康の関係性、あなたはどう考えますか？

13 自分の健康状態とその影響を知る

健康がお金に与える影響がわかったところで、あなたの今の健康がどのような状況か見てみましょう。

次のどれかに当てはまりますか？

□ (A) 便秘気味（毎日排便があるとは限らない）
□ (B) 手足が冷えやすい
□ (C) 疲れやすく、電車では座りたい
□ (D) 熟睡できていない
□ (E) 爪が割れやすい
□ (F) 仕事でちょっとしたミスが多い

□（G）料理が苦手
□（H）自分で食事を作る場合も食材に偏りがある
□（I）旬なものがわからない
□（J）食材は安いものを買ってしまう
□（K）サプリメントはキャンペーンや安いものを選ぶ
□（L）予防は健康保険の対象にならないから、病院にかかってからでいい
□（M）朝起きて仕事に行きたくない
□（N）うまくいかないと人のせいにしたくなる
□（O）つい、イライラしてしまう
□（P）人から指摘されると落ち込みやすい
□（Q）嬉しいことがあっても顔に出さない
□（R）他人が褒められていると自分なんて……と思ってしまう

上記の一つでもチェックが入ったら、身体からのサインが出ているとみたほうがいいでしょう。

（A）～（F）にチェックが入った人

体力的な面で既にアラームが出てきており、いわゆる稼ぐ力にも支障を来してしまうリスクがあります。

特に（A）にチェックが入った人は、（B）以降にも複数チェックが入る人が多いのではないでしょうか？　なぜなら**便秘は私たちの細胞の新陳代謝の大敵**だからです。

大腸に便がたまってしまうと、腸内に悪玉菌が増殖してしまい、むくみや血行不良の原因になったり、腸内で腐敗が進み有害物質が生成されてしまい、腸の粘膜の毛細血管をとおして、毒素が全身にまわってしまうリスクすらあります。それらが皮膚から皮脂や汗にまぎれて排出されると、肌荒れの原因にもなるとのことで、排便は大きなサインと思ったほうがいいでしょう。１日３食とっているなら、排便も１日３回、しかも、きつね色でバナナのような形状が理想と言われています。

食物繊維の多い食事を心がけることで、食物繊維をエサとする善玉菌が増え、便秘が解消し、悪玉菌が減って腸内環境がよくなってきます。すると、（１）食べたものの消化や腸内細菌による分解が進み、（２）分解された栄養素や水分がしっかり吸収され、（３）不要な老廃物や毒素の排泄や解毒が行われ、（４）免疫細胞が外的なウィルスや細菌等から守ってくれるので、私たちの身体のあちこちの不調が解消され、（F）のような仕事のミスも減ってくると言えます。

（G）から（L）にチェックが入った人

健康と密接な知識や情報の捉え方が課題とも言えます。

安さなど損得勘定で100年持たせる身体の健康を確保することを考えるのはやめましょう。

あなたの身体本来の機能を高める意識が大切です。それには、自然の恵みをいただくことを楽しめるよう、旬の食材や栄養を逃さないお料理などを取り入れるといいでしょう。

旬の食材を知ることは、栄養価が一番高い時期に取り入れることができるので、健康づくりにも貢献してきます。

一方、食材も安いものや加工品を買う癖がついていると、廃棄寸前の新鮮でないものや加工して長く保存されるものを体内に入れる量が増えてしまうので、後々、デトックスにお金がかかる可能性すら生じます。

私たちの身体に毎日必要になる栄養素として、タンパク質・炭水化物・脂肪の三大栄養素と、18種類のミネラル・20種類のビタミン・10種類のアミノ酸による必須微量栄養素（※）が重要と言われています。

ぜひ、バランスよい食生活を意識してみてくださいね。

（L）のように予防にお金をかけず、症状が出てから健康保険制度の3割負担で支出を浮かそうという人も時々見かけますが、予防ができない人は仕事にも悪影響が出たり、仕事仲間からの信用を失うことすらあるので要注意です。

※必須微量栄養素は、WHOと国連食糧農業機関（FAO）によって定められている。

（M）～（R）にチェックが入った人

やる気や集中力などメンタルに影響が出ていると言えます。

これらは仕事の意欲や一緒に盛り上がって達成しようという力が薄れてしまうので、稼ぐパワーにも直結します。

イライラやストレスを余計に感じなくするためには、「幸せホルモン」と言われる脳内の神経伝達物質「セロトニン」や「ドーパミン」がしっかりと機能することが大切です。

あとで触れますが、それにはまず、身体の中のデトックスが進んで腸が元気になることが先決。そして、イライラの解消に必要なカルシウムを含め、栄養素がしっかりいきわたると、幸せホルモンが増えて、明るい気持ちで行動できるようになるでしょう。

【予備知識】腸内環境から心の健康、経済的余力にも

ここでたびたび、「腸」という言葉が出てきましたが、昔から気持ちや本音を表現することわざに、「断腸の思い」「腸《はらわた》が煮えくりかえる」「腹《はら》をくくる」「腹黒い」「腹の中を探る」など、「腸」や「腹」という言葉がよく使われてきました。

でもなぜ、「腸」や「腹」が使われるのでしょうか？　その理由が最近の研究でわかってきたのです。

それは、私たちの身体を守るために「脳」が判断しなくても「腸」が機能している部分が大きいこと、そして、幸せを感じるセロトニンといった神経伝達物質が「脳」内にあるのはわずか2％ほどで、約90％は「腸」に存在している（残りの約8％は血液中）ということがあげられます。

腸に関する著書の多い医学博士によると「腸には脊髄に匹敵する数のニューロンが存在し、体内に有害な物質が入ってくると、脳の判断を待たずに大量の分泌液を出して下痢を引き起こして排出を促す」とのこと。

また、脳に歓喜や快楽などを伝えるドーパミンや、逆境でもめげずにやる気を奮い立たせてくれるセロトニンといった神経伝達物質が「腸」に多いのは、それらが「脳」でつくられているのではなく、実は「腸」でつくられているからだそうです（「腸内革命」医学博士・東京医科歯科大学名誉教授　藤田紘一郎）。

このように、「腸」は私たちの幸せ感に大きな影響を及ぼす神経伝達物質（脳内ホルモン）の製造工場なのです。「腸」が元気になると、デトックスや栄養面からみた健康だけでなく、毎日の精神的な健康にも大きく関係していることがわかりますね。

腸が元気になるように、食生活に気を付けて適度な運動などもしながら、心身ともに健康を維持することができれば、体力だけでなく集中力も高まって時間の使い方も上手になるでしょう。

実際にストレスが減れば、衝動買いなどの無駄も減り、お金の使い方も上手になるはずです。短時間でさくさくと仕事や家事などを進めることができるようになると、仕事の成果も高まっていきますよね。物事の捉え方も、自然と不平不満が減り、今できることに専念し、周囲の信頼感や評価も高まって、経済的な余力が生まれるのではないでしょうか？

先ほど紹介したように経済産業省の調査「今後20年間の生活習慣で損するお金トクするお金シミュレーション」トライアル実施報告によると、健康を害すると20年間で平均して1200万～1300万円失ってしまうリスクがあります。

しかし、自分の健康を意識して過ごすことで、そのリスクをしっかりと遠ざけることもできますし、さらに元気に稼げる効果を発揮する可能性さえあります。

それだけ、身体の健康と心の健康、そしてお金は密接に関係しあっているのです。

14 食・運動・休養で心身もお金も代謝があがる

さぁ、健康的な人生を送っていける人は、お金の面でも未来に希望が見えてきたのではないでしょうか？

今までも、いくつか健康を維持・増進するために必要なことをお伝えしてきましたが、世の中にはたくさんの情報、特にやり方・手段についての情報があふれています。

ここでは、今後も情報に振り回されたりせずに健康行動を持続していけるために、意識するべき４つのことをお伝えします。

(1) 自分が口に入れる食べ物や食べ方に知的センスを入れる

あなたの身体の組織は、あなたが食べた食材からつくられてきます。ただ便利だから、安いからなどという損得などの理由で選ぶと、あなたの健康は徐々に衰えてきてしまいます。お料理を楽しみ、食材でも彩りを味わいましょう。

食事の仕方でも、野菜から順番にしっかりと噛んで食べること、姿勢正しく箸づかいなども美しく食べていると、お付き合いする人たちとの関係性にも良い影響が出るのではないでしょうか?

そして、普通の食生活では十分にとりにくいビタミンやミネラル・必須アミノ酸など、私たちの身体に必要な微量栄養素は体内でストックできないので、できるだけ加工されていない自然の素材を活かした健康食品などで日々補充する意識も大切でしょう。

例えば、腸の環境を常に良い状態に維持するには、善玉菌を含む味噌などの発酵食品のほか、アロエベラなどのスーパーフードで豊富な栄養素とともに善玉菌のエサとなる食物繊維をしっかりとることも重要です。このような食生活を心掛けると、実際に嗜好品も自然と最低限になって食の無駄も減ってくるようです。

(2) 運動は楽しくやって基礎体力をつける

運動は歩くことでも体操でもストレッチでも筋トレでもかまいません。大事なのは毎日の仕事の往復やお風呂や歯磨きの前後など日常の行動に入れてしまうことです。

動画などで自分に合ったもの、かつ楽しそうな動きを見つけて取り入れてみましょう。身体・筋肉は裏切りません。やった分だけ効果がでます。続ければ必ず、あなたに元気をもたらしてくれます。

続けることで、身体の関節がほぐれて可動域が広がれば、毎日の動きも大きく見えて、存在感がアップします。そして、これが仕事やお付き合いにも効果を発揮するのです。

(3) 自分をいたわる

私たちが抱えるストレスに関わる自律神経には、交感神経と副交感神経があり、交感神経は身体を戦闘状態にしますが、副交感神経は身体や心をリラックスさせてくれます。

寝る前にスマホやPCなどを長時間見ると、戦闘状態の交感神経が過敏になってしまいますが、心地よい眠りには、副交感神経が優位になるように整えていくことが重要です。

そのためには、瞑想のようにゆっくりと落ち着いて呼吸をすることのほか、笑顔で自分をハグして「ありがとう」と声をかけてあげることも効果的でしょう。特にイライラにはカルシウムなどが効果的とも言われますが、栄養のバランスがとれて、身体がリラックスできていれば、寝ている間に心身ともに細胞が快復してくれます。

落ち込んだときも、「これはきっと意味があるんだ」「大丈夫、乗り越えられる」など、いたわる声をかけることで、自らふーっと落ち着いて自分が愛おしくなってくるのではないでしょうか？　自分が満たされてくると、人間関係のストレスも自然と解消されていきます。自分のメンタルが安定し、素直になると、稼ぐ力にもつながります。

（4）ときどき、体重計や体組成計、健康診断で確認する

毎日の習慣は大事ですが、だんだんと惰性になってくることもあるでしょう。その際に、ときどき体重計や体組成計、健康診断で自分の身体を客観的に確認することが4つ目の大事なポイントです。お店などにある血管年齢チェックにトライしてもいいでしょう。「お、いいかんじ」「以前よりいい数字」などが見えると自分にも自信がついてきますよね。ぜひ時々自分の身体のデータを見える化しましょう。

健康であれば、あなたの身体はまさに「金のなる木」。

心身ともに健康でお金に困らない人生のために、これらの4つを取り入れてみてくださいね。

まとめのワーク 02

Q1: あなたは、今、どのくらい健康だと思いますか?

□30%程度、□50%程度、□70%程度、□90%以上健康

Q2: あなたは、平均して1日何回スルッと排便できていますか?

Q3: あなたはバランスのとれた食事を1日何回できていると思いますか?

**Q4: 今の生活習慣(食・運動・睡眠・ストレス解消など)で、
5年後10年後も元気に働いたり子育てしている自信がありますか?**

**Q5: あなたは将来も、賢く金融商品(保険やローンなど)を選べるよう、
健康でいたいと思いますか?
そのために、今からできることは何ですか?**

第3章

投資とお金

投資のイメージを
変えてみる

15 30歳までに身につけたいお金を増やす力

働き方や、自分の健康のことに向き合ってみた今、改めて自分の手元のお金をどうしたらいいか考えてみましょう。

あなたは、今、未来の自分をイメージしながら、毎月の収入の中から、いくらかを将来のために貯めていますか？

□Yes
□No

Noの人は、今の収入そのものが不安定だったり、一定額の収入があっても家賃などの固定費が大きく、生活するのにギリギリなのかもしれませんね。

でも、仮にそのような状態であったとしても、月5000円でもよいので、自分の将来への準備をすると、心の余裕が生まれるのではないでしょうか？　月5000円くらいなら1日平均170円弱なので、何か優先順位を変えて、捻出することも不可能ではないはずです。

では、Yesの人は、どのように将来への分を準備していますか？

(a) 特にルールは決めていなくて、少々気まぐれ

(b) 自分なりにルールを決めている

ここで（a）をチェックされた場合はちょっと要注意です。

何年か経って、お金を準備しているつもりでも意外と少なくて、がっかりすることも多くあるからです。

やはり、（b）のように自分なりにルールを決めておきたいものです。

その典型的なものとしては、**収入の1割、あるいは月2万円などと定期的に積立していくことがおすすめ**です。

なお、収入に変動がある人は、直近で生活がスムーズだった月をイメージしながら、毎月の収入の1割程度を目安にするとよいでしょう。親元にいるなど、住居費がかからない人は、仮に家賃を払っているつもりで、家賃相当額を自動積立にしていくと、一人暮らしを始めた後もスムーズにやりくりできるようになります。

つまり、稼いだお金を今度は上手に増やすステージへの第一歩を踏み出せるわけです。それを稼ぐ力と増やす力の図で表してみたのが、次の図5です。

この図のように、20代前半で勉強中だったり、単発のアルバイト程度だったりすると、稼ぐ力も増やす力もまだ十分とは言えないでしょう。

そこで、仕事を持ち、まず若さや体力などで稼ぐ力をつけていくと縦軸の稼ぐ力が増していきます。さらに、稼いだお金を増やす力をつけていくと右上の◎のステージに行くことができます。

働いて勤労収入を得たとしても、さらに投資したり、資産に変えて運用をすることで、お金自身にも働いてもらうことができるので、将来、精神的にも経済的にも余裕が生まれ

図5　稼ぐ力×増やす力

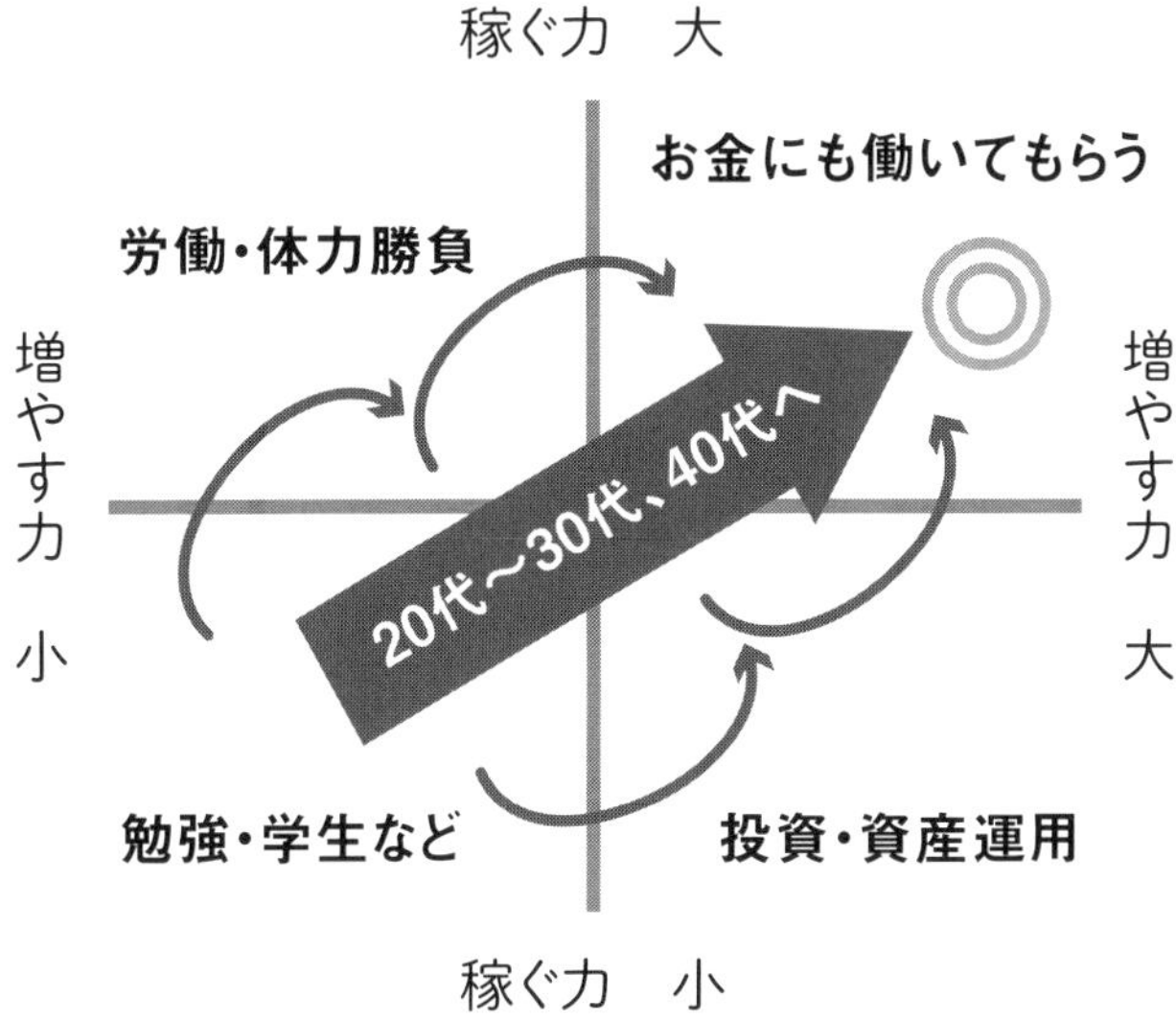

てくるわけです。

これからの時代、自分の身体だけを頼りに稼ぐのは、どうしても限界が来るでしょう。

実際、80代や90代の高齢者でも、一つの投資を続けているだけで、毎日の変化を味わいながら、増やす力を最大限発揮して生活している人もいます。

30歳前後の今のうちに、増やす力を身につけておくことは、今後の視野が広がり、選択肢が広がり、人生全体にも大きな効果につながるはずです。

16 投資のイメージを変える

さて、増やす力のところで、「投資」という言葉を使いましたが、「すぐやりまーす！」と動ける人はそんなに多くないのではないでしょうか？

実際「投資」というと、どんな印象を持ちますか？　次から自分のイメージに近いものをチェックしてみてください（複数回答OK）。

□（a）怖い・危ない・ギャンブル
□（b）難しそう
□（c）損しそう
□（d）カッコ悪い・ずるい・セコイ
□（e）欲深い・金の亡者・拝金主義者・守銭奴《しゅせんど》

□（f）面白そう
□（g）勉強になりそう
□（h）資産を増やせるチャンス
□（i）かっこいい・視野が広そう・賢そう

まず、（a）（b）（c）にチェックが入った人は、投資に対する恐れや不安やハードルがあるようです。また、（d）（e）にチェックが入った人は、投資する人、投資家に対するイメージがあまりよくありません。

つまり、（a）から（e）にチェックが入った人は、投資に関して心理的な壁があって、素直に受け入れにくい感情があるようです。ちなみに投資は、ギャンブルとは全く違うので、それについては、次で整理します。

一方、（f）（g）（h）にチェックが入った人は、好奇心旺盛で投資に対して前向きな姿勢を持っていますね。さらに（i）にチェックをした人は投資家に対しても、一種の憧れ的な目さえ持っているようです。おそらく、周囲で投資を楽しんでいる姿を見る機会があったのかもしれません。

図6　証券投資のイメージ

※複数回答

表中の数値は% (n)	プラス					マイナス						
	資産を増やす	将来の生活資金の蓄えに役立つ	勉強になる	社会貢献に役立つ	楽しそう	難しい	ギャンブルのようなもの	お金持ちがやるもの	なんとなく怖い	しつこく勧誘される	その他	無回答
全体 (7000)	37.6	16.1	8.7	2.8	2.0	41.2	32.6	32.5	29.3	10.7	2.4	0.8
預貯金のみ保有層 (5200)	33.3	10.9	5.8	2.2	1.3	42.8	34.5	36.6	32.3	11.2	2.3	0.9
証券保有層 (1257)	58.9	39.5	22.0	5.6	5.4	32.6	24.9	13.2	16.4	8.4	1.9	0.2

出典：日本証券業協会「証券投資に関する全国調査 2018」

このように、お金・投資そのものに対して、プラスの感情とマイナスの感情と両方が入り乱れるのが現状です。

日本証券業協会の調査結果などを見ても、実際に投資をしている投資家を除くと、全体的にやはり、マイナスの印象のほうが多くなっています（図6参照）。

でも、なぜ投資のイメージにマイナスの印象が多いのでしょうか？

それには3つの理由があると言えます。

まず1つ目は、マイナスの情報のほうが世の中に出やすいことです。

実際、TVなどのニュースでは、成功している話題よりも、詐欺的な投資商品の話題や、内部の人間の情報操作などによるインサイダー取引など、「悪い」「ずるい」印象の情報のほうが前面に出てきますよね。これは警告する役目もあるので、ある程度はやむを得ないと思いますが、実際はマイナスの情報ばかりではありません。

2つ目に、成功した人が、なかなかその情報を表に出さない傾向にあること。身近な人たちの中でも、「○○に投資して、いくら増えた！　儲かった！」などと言うと、嫉妬されてしまうのを恐れ、口にするのを控える人も多く見かけます。

3つ目は、私たちが物心ついた頃からか、親や大人の口から一度は、「損した」という言葉を聞いたことがあるのが影響しているのではないでしょうか？

私たちの親や祖父母の世代は、経済成長期を経験し、いろいろな金融商品を目の当たりにしてきました。成長する企業に投資をしようと株式投資をしていた主婦も大勢いました。しかし、すべての投資で完璧に利益を出し続けるのは難しく、損を経験した人も多かったはずです。

そのうえバブル崩壊などで、銀行や保険会社など金融機関の破綻もあったので、預金のほか企業が資金調達のために発行する債券、さらに貯蓄型の保険でさえも、払い込んだ元本相当分が戻らないという経験をした人もいたはずです。

つまり、多かれ少なかれ、誰しも一度は投資でマイナスを経験したことがあり、しかも、プラスの思い出よりも、マイナスの経験のほうをより覚えている傾向が強いのです。

しかし、以前のリーマンショックで世界の株価が約50％下がっても約5年で株価は戻りましたし、株価が下がった後に投資を始めた人なら、株価回復の流れにのって約10年で投資額の2倍近くまで成果を出した人もいたほどです。昨今のウィルスショックでも、企業経営がしっかりして将来に向けて必要な活動をしているのに、世界全体の影響から株価が下がっている企業はいくつもあり、そうした会社を応援する投資なら、社会貢献にもなって非常に意味があると言えます。

まだまだ人生の先が長い皆さんは食わず嫌いで終わってしまうのはもったいないと思いませんか？

投資と一口で言っても、自分のペースで自分らしく無理なく取り入れる方法があります。

それらを知った上で、最終的に判断すればよいので、まずは投資とはそもそもどんなものなのか、自分に合った方法があるのか、を順に整理していきましょう。

17 投資とギャンブルは違うもの？

前項の投資への印象について、投資はギャンブルという欄がありましたが、投資をギャンブルと感覚的に捉えている人も結構多いのが現実です。そこで、どこがどう違うのかを整理してみましょう。

ギャンブルというのは、いわゆる賭け事で、競技や遊戯に金銭、物品を賭けて勝負を争うことを指します。

つまり、勝負ごとにお金を賭けて、その結果で損得が決まるわけです。ギャンブルにはいろんな種類がありますが、日本国内では、競馬、競輪、競艇などの「公営競技」など一部を除き賭博法によって禁止されています。ちなみにパチンコやスロットは法的にはギャンブルではなく遊戯となっています。

ここで、公営競技など認められているギャンブルでは損得が発生しますが、勝った人が受け取る利益は、負けた人の損失から出ていることを忘れないでください。これは、ゲーム理論という経済などの仕組みに対する考え方で「ゼロサムゲーム」と言われ、お金を増やした人と減らした人の合計（サム＝ＳＵＭ）がゼロになる仕組みなのです。

これに対して、株式などの投資は、ゼロサムゲームではなく、プラスサムゲームと言われています。

それは、**株式投資で発生する利益は、他の人の損失から拠出されるものではなく、企業の価値そのものが高まることで生み出されている**からです。

つまり、投資した企業の業績や利益が上がり、その価値が高まっているなら、理論上、その株主全員が利益を得ることができるわけです。もちろん個別には売買のタイミングによって損失が出ることもありますが、企業の価値が高まれば、株価に発行済株式数を掛けた株式時価総額（合計＝サム）がプラスになっていくという点で、他人から奪い合う仕組みとは大きく違うと言えます。

18

30代、40代、50代、預貯金だけだとどうなる？

前述の日本証券業協会の調査において、興味のある金融商品のダントツ1位は何だと思いますか？

それは、なんと「預貯金」だったのです（図7参照）。銀行・信用金庫・信用組合や労働金庫では預金、ゆうちょ銀行（郵便局）や農業協同組合（JA）・漁業協同組合（JF）・農林中央金庫では貯金と言い、それらをまとめて預貯金と言っています。

そもそも預貯金という仕組みは、私たちがお金を金融機関に預け、そのお金が企業へ貸し出されて、設備投資などに使われて経済的に活性化することへ寄与するというもの。

お金を貸すことで利息が発生するので、そのうち一部を預貯金者へ還元するというのが、預貯金の利息です。なので、仕組みから考えると預貯金として預けることも、一つの投資

図7　興味を持っている金融商品

※複数回答

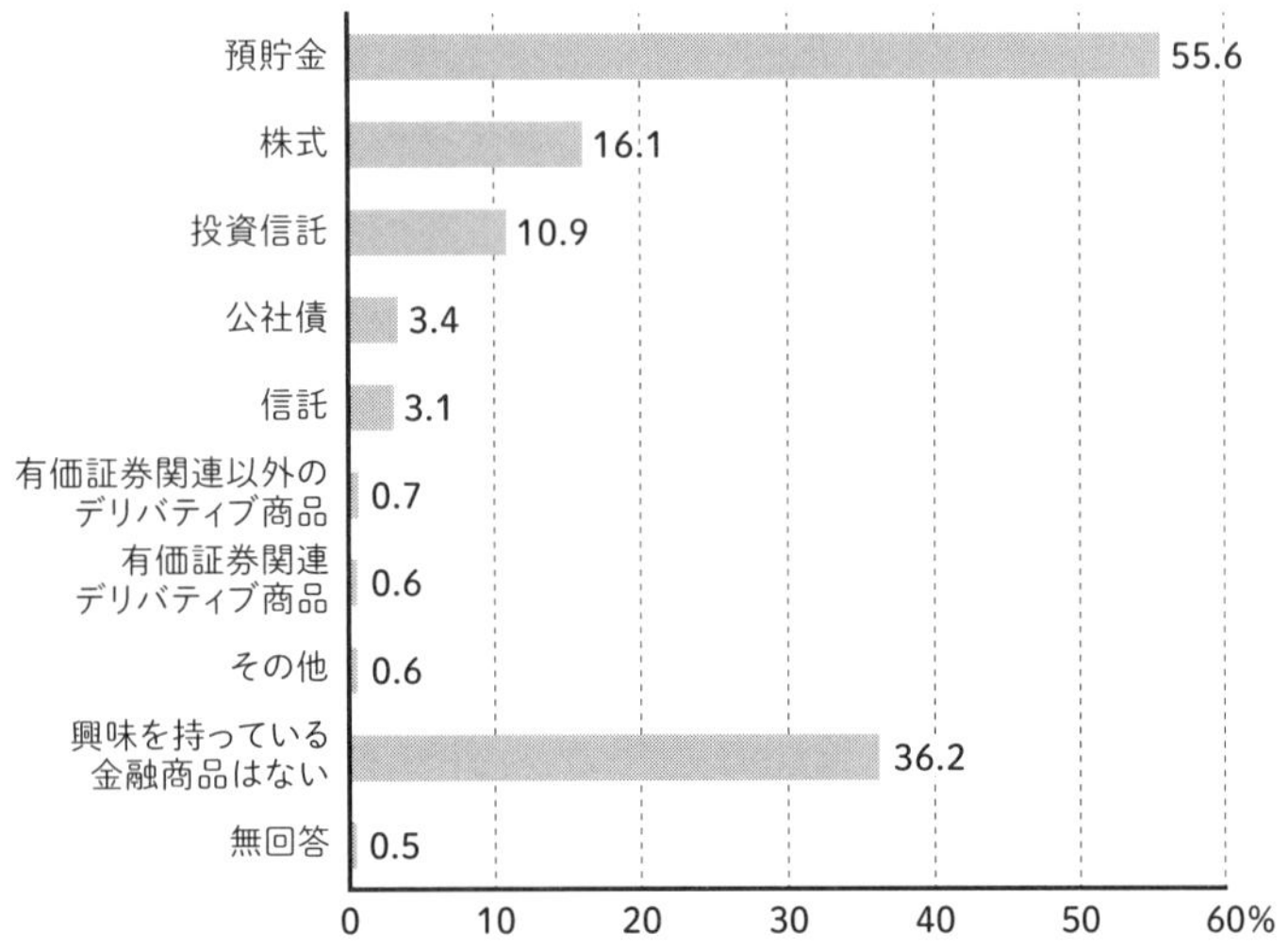

出典：日本証券業協会「証券投資に関する全国調査 2018」より抜粋

とさえ言えます。

ところが、昨今の低金利政策で、預金金利は、1年間預けても年利0・01％いくか、いかないかくらいの水準になってしまいました。

例えば現在、ざっくりと毎月の収入が30万円だったとします。

そのうち、1割の3万円を銀行などで積立をしていくとすると、5年後10年後、そして20年後はどうなっているでしょうか？

預貯金（年平均0・01％）と、比較対象として、株式など分散投資をする商品の平均的な利回り（年平均3％）とでどのくらい変わるのかを

図8　預貯金と投資の毎月積立の比較

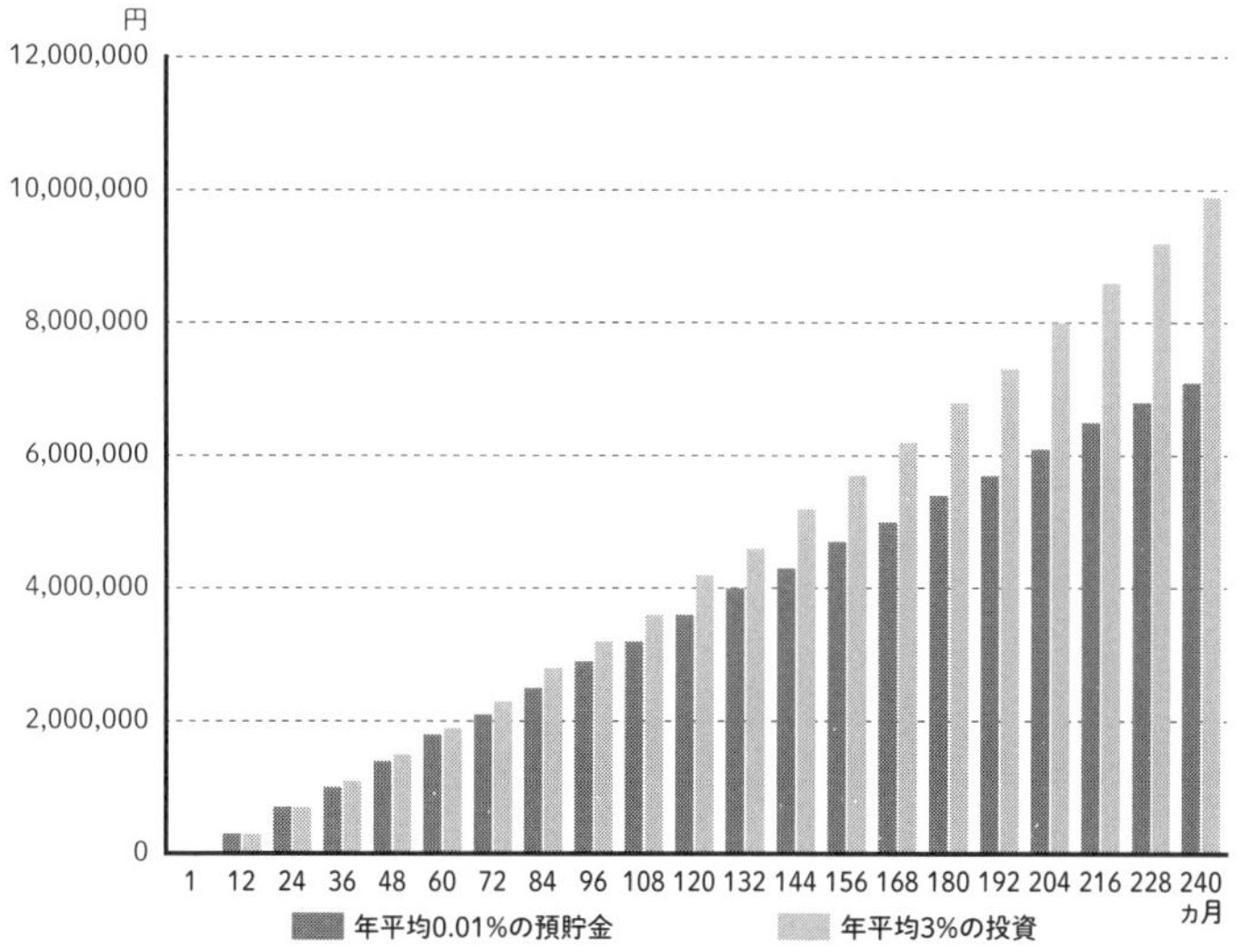

※毎月の積立を年平均利回り÷12の月複利で筆者試算（税金は考慮せず）

グラフ（図8）で見てみましょう。

この計算の金額を見ると、12カ月積み立てて、年平均0・01％の預貯金と年平均3％の分散投資商品では、1年後はまだあまり差がありませんが、2年後は約2万円、3年後は約4・8万円、4年後は8・7万円と徐々に差が広がっていきます。

これは、増えた分が元本に組み込まれていく複利計算をしているからですが、5年後は13・8万円の差になり、さらに10年後は59万円の差、20年後はなんと264万円の差に広がっていきます。

いかがでしょうか？

日本の今の経済状態では、今後も低金利から脱するのはなかなか至難の業と言われています。平成初期のように預貯金でも４％などの利息が付いていた時代は、預貯金のみでもよかったかもしれませんが、今後もずっと今のような低金利の預貯金のみでは、毎月３万円ずつ積み立てた20年分の元本７２０万円に対して、利息（年０・01％）は20年続けてもたったの７２００円のみ。

それだけの時間をかけてお金を手元のお財布から分けて、世の中の金融商品の一部として経済社会の中を流通・循環させていくとしたら、もう少し効果のありそうなものを探してみてもいいと思いませんか？

19 投資にはどんな種類がある？

先ほど、株式投資については少し触れましたが、実は一口に投資といっても、本当にいろいろな種類があります。

広く言うと、知識やスキル・人脈を高める自己投資や、自分の健康状態を底上げする健康投資もあげられるでしょう。

ここでは銀行・証券会社・保険会社などが提供・仲介する各種の預金、株式、社債、公債、投資信託、保険から、外貨建て預貯金・FX・金・クラウドファンディングなど、さらに不動産（マンション）投資について、特徴がわかるように全体像を図にしてみました。

図9　各投資の分布図

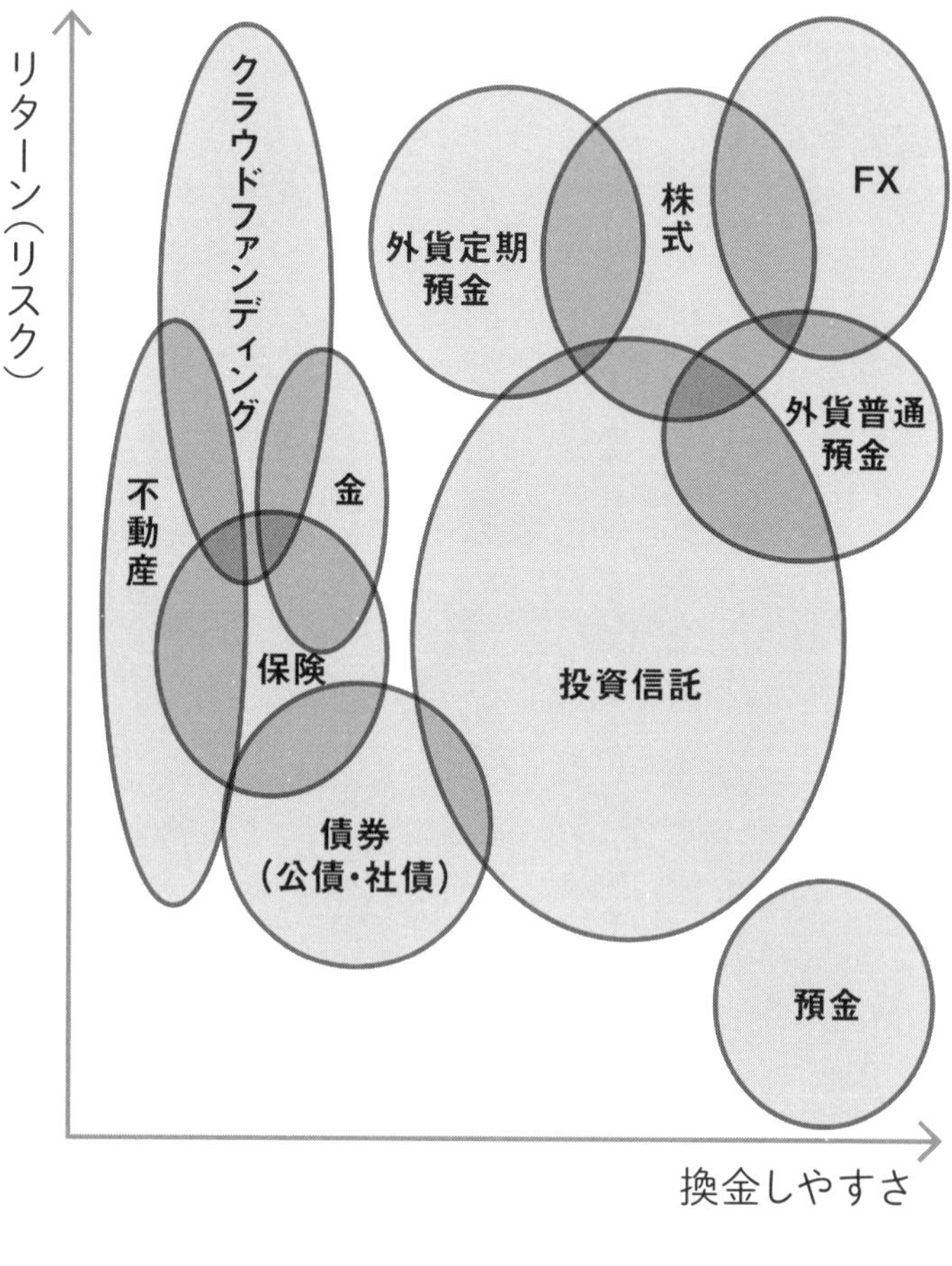
リターン（リスク）
換金しやすさ
クラウドファンディング
不動産
金
保険
債券
（公債・社債）
外貨定期
預金
株式
FX
外貨普通
預金
投資信託
預金

この図では、リターン（見返り）が高いものはリスクも大きいのでリスク・リターンを縦軸に、もう一つ、換金のしやすさを横軸に入れています。一つ一つ読んだらチェックしてみましょう。

□株式（リスク・リターン大、換金性大）

上場している株式会社の株を購入すると、あなたはその企業の株主になれます。株主は、その会社の持ち主（オーナー）の一人として、会社に対していろいろな権利を持てるのです。持っている株数に応じて配当やその企業の商品などを株主優待としてゲットしたり、株主総会に出席して経営に意見を言うこともできます。

また株式市場が開いている時間なら即座に売却もでき、ネット証券なら時間外でも注文を出して、翌営業日に売買することができます。株の値動きは、異常事態でなければ、1カ月に数%～20%くらい動く銘柄もあり、自然環境の影響や災害から政治家の発言や政策など政治的な要因、業界や個別企業の特性などによってさまざまな動きをします。

図10　株式・債券の仕組み

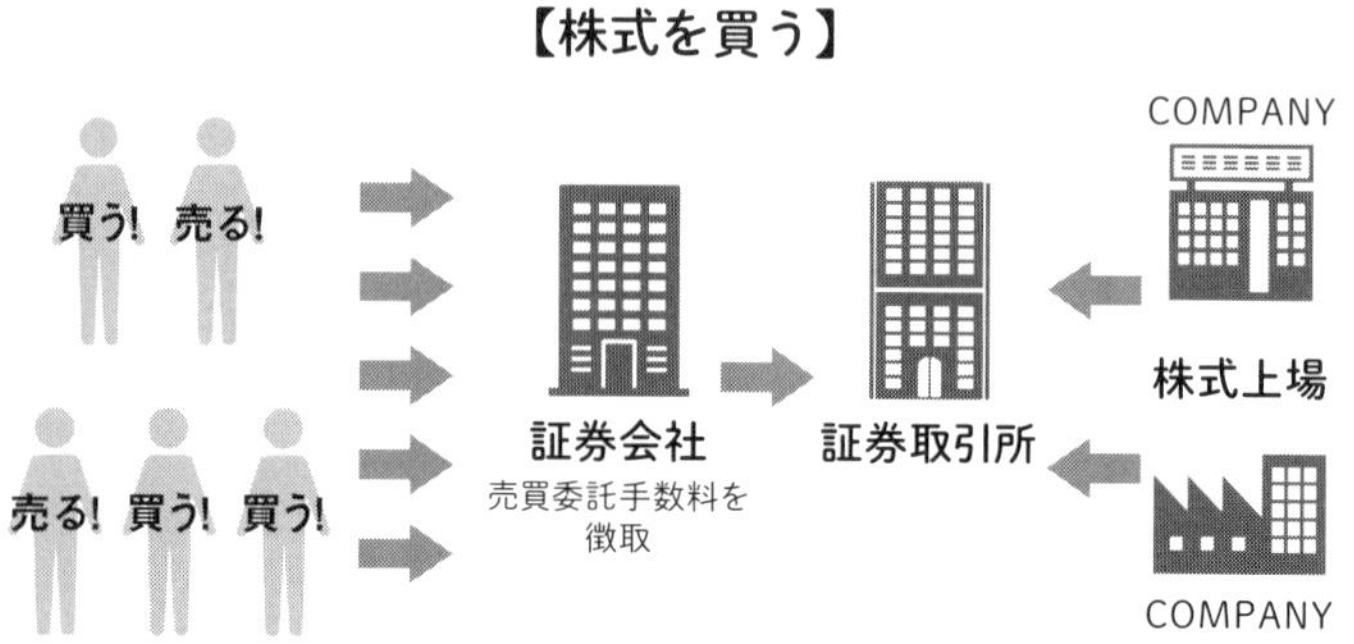

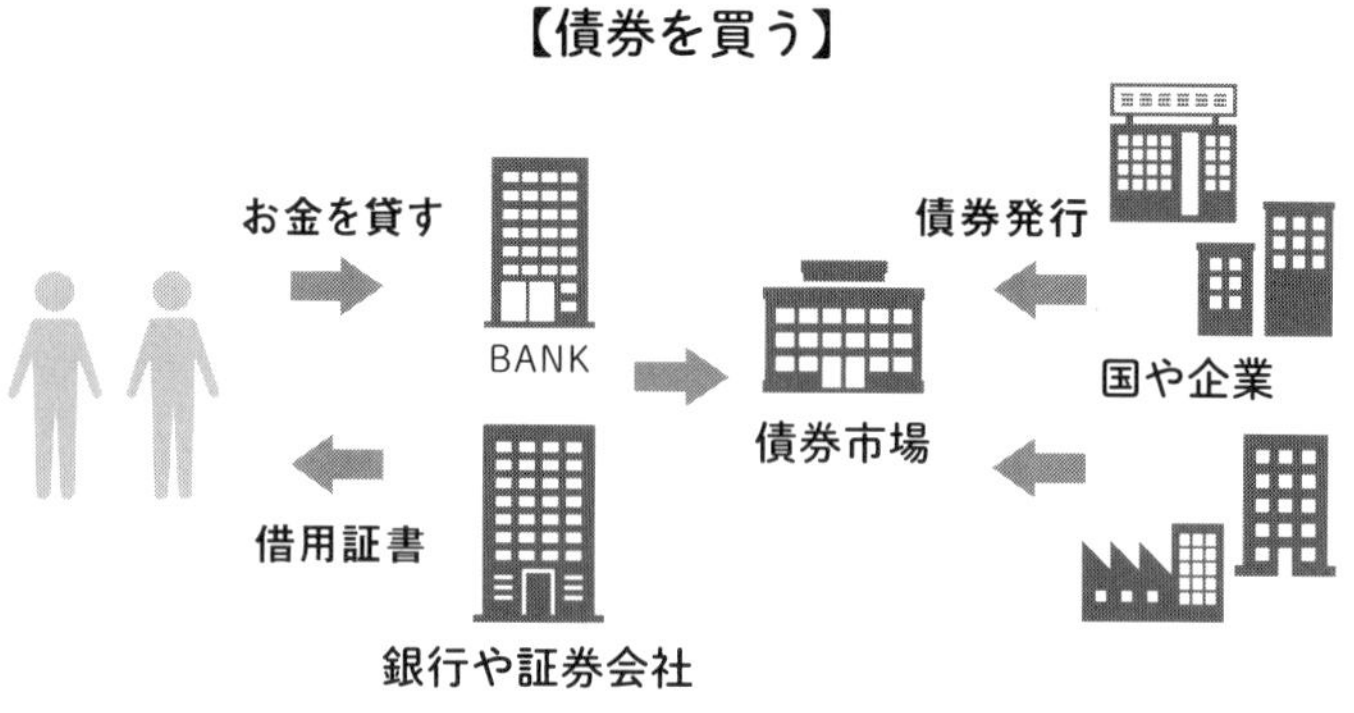

□債券（リスク・リターン小、換金性小）

債券というのは、国や企業などがお金を借りた際に発行する借用証書です。国債は国が発行する借用証書。私たちは、国債などの債券を購入することで、その発行体にお金を貸したことになるのです。貸すということは、いつまでという期限（満期）があり、その期日には貸した元本が戻り、あらかじめ年何％などと約束した金利も付いているのが正常な状態です。

昨今の低金利政策によって、債券の利率も下がっていますし、満期前にいつでも換金できるわけではないので、換金性も低いと言えます。もし、発行体の経営などが傾いて資金繰りが悪化すると、全額が戻ってこないこともあるので、購入する際には、信用度をチェックするために格付（ＡＡＡ～ＢＢなど）を確認することが重要です。

□投資信託＝ファンド（リスク・リターン中、換金性大）

投資信託はファンドとも言われ、不特定多数からお金を集めて、運用方針に応じて株式や債券・不動産などに投資をし、その成果を分配する仕組みで、最近は、ワンコインの５００円程度から申し込めるものもあります。運用の中身は１００銘柄以上の株式などに投資するファンドもあるので、分散投資ができる代表的な金融商品です。運用内容によって値動きはあるので、リスク・リターンは中くらいで、売買は1日1回、換金もしやすい商品です。

□外貨定期預金（リスク・リターン大・換金性中）

米ドルやユーロ、豪ドルなど、外国の通貨で預金を持つこと。日本円と外国の通貨の交換レートである為替レートによって、時々刻々と価値が変わるので、リスク・リターンは大。定期預金タイプは、1カ月や半年、1年など、日本円に換金できない期間があるので、換金性は中くらいと言えます。

□外貨普通預金（リスク・リターン大・換金性大）

外貨定期預金同様、外国の通貨の預金だが、日本の普通預金のように、毎日換金できるので、リスク・リターンは大、換金性も大と言えます。

図11　FXの仕組み

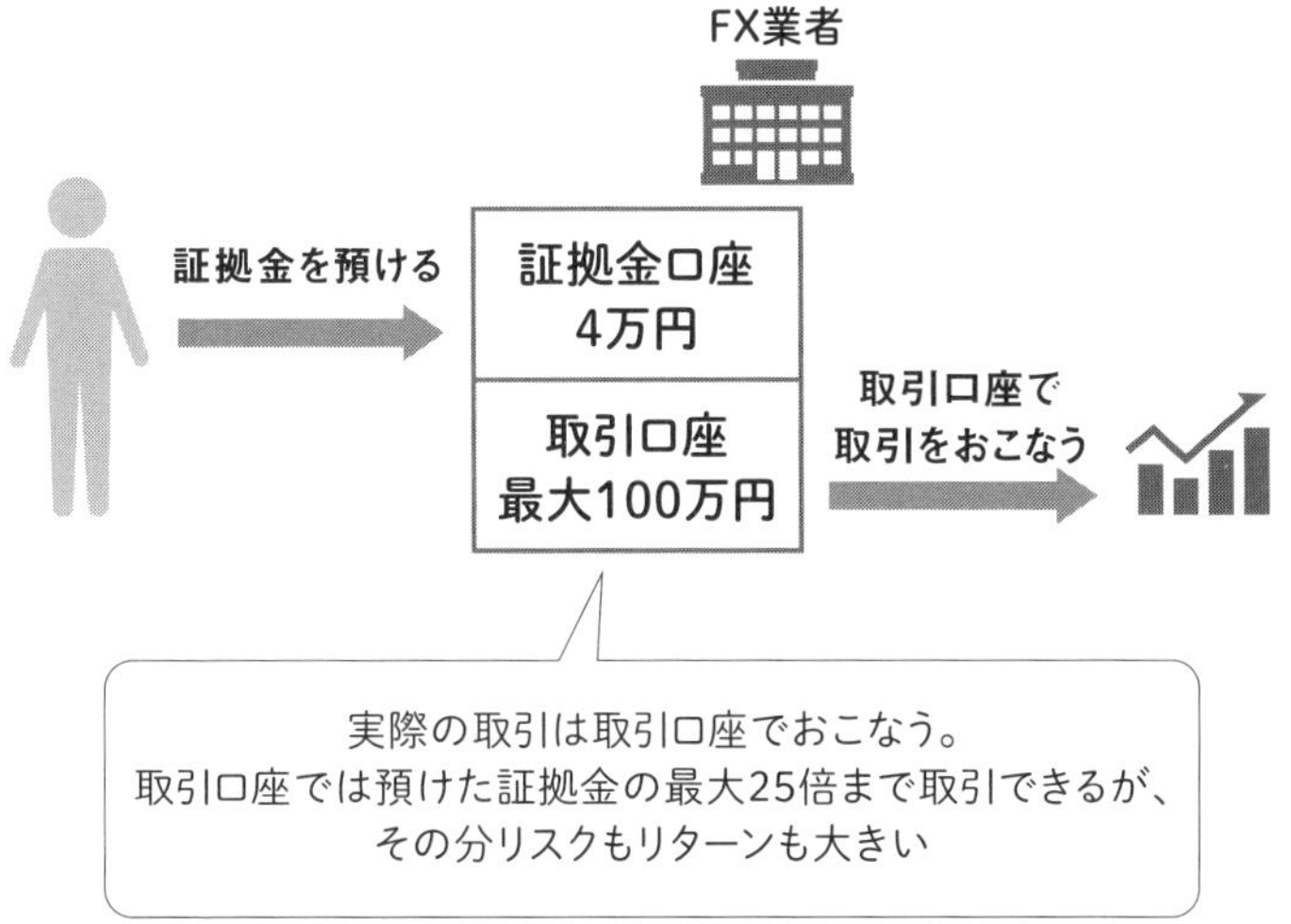

□FX（リスク・リターン大・換金性大）

ＦＸは「Foreign Exchange」の略で、元々は「外国為替取引」ですが、最近「外国為替証拠金取引」を指す一般用語になっています。これは「証拠金」という担保のようなお金を入れて、将来必ず決済（反対売買）することを約束して「差金決済」をするもの。外貨預金との違いは、外貨を購入するために総額分のお金を用意する必要はなく、証拠金の何倍か決めて取引をし、売買の差益のみの受け渡しでよいことです。24時間取引ができるので換金性は大、為替の動きと、証拠金に対して高い倍率にするとリスク・リターンも大きくなる商品です。

□金（リスク・リターン中、換金性中～小）

金はゴールドとして、世界中で売買されている貴金属の一つ。有事の金と言われることもあり、戦争や自然災害などで、各国の通貨の価値が不安定になると、逆に金が買われ、金の価格が上がります。金そのものに利息は付かず、金の価格は、需要と供給によって決まります。日本円にする場合は為替変動もあるので、リスク・リターンは中くらい。いつでもどこでも換金できるわけではないので、換金性は低めと言えるでしょう。

□不動産（リスク・リターン中、換金性小）

不動産は、動かすことのできない財産で土地や建物を指します（一方、車や現金など動かすことのできる財産は動産と言われます）。不動産は、駅近など立地がよく、みんなが欲しい、居たいと思うようなら、常に買い手や借り手がついて、売却益や家賃収入を得られる源泉となります。不動産やマンションを人に貸すことによる利益として平均利回りが5％～7％などと言われたりもしますが、不動産の購入金額は中古でも数百万円から千万円規模など大きく、所有するだけで税金などコストもかかります。また、売買も数カ月かかることもあるので、換金性が低いのが注意点でしょう。なお、一般的な不動産のほか、複数の不動産に投資をする投資信託（ＲＥＩＴ：Real Estate Investment Trust）もあり、それなら投資信託の仲間として、１万円程度から投資が可能で、売却もしやすくなります。

□積立型保険（リスク・リターン中、換金性小）

助け合いによる仕組みで掛け捨ての保険が多い中、保険料に積立部分（図12では生存保険料）が含められて一部が運用され、貯蓄機能をもつ保険商品があります。支払う保険料のうち積立部分が運用されて、10年経過後に解約したり、満期を迎えたりすると、受取額が、元本プラスαのリターンを期待できるものもあります。運用は、保険会社の方針によって、利率が約束されているものから、投資信託や外貨などで値動きするものなどさまざまなので、リスク・リターンは中。どうしても長期運用が前提になるため換金性は小としています。

□クラウドファンディング（リスク・リターン大、換金性小）

クラウドファンディング（crowdfunding）とは群衆（crowd）と資金調達（funding）を組み合わせた造語で、インターネットを通じて不特定多数の人に資金提供を呼びかけ、想いや趣旨に賛同した人からお金を集める方法です。最近、中小企業や団体のプロジェクトなどが市場開拓や新規事業を目的に資金集めをすることが増え、支援者が投資家となって金銭でリターンを得ることができる「投資型」や、金銭以外のモノやサービスを受け取ることができる「購入型」、寄附を中心とした「寄附型」があります。特に「投資型」の中には、クラウドファンディングで募集した時点で目安の利率が決まっている資産運用的なものもあり、「ソーシャルレンディング」とも呼ばれます。具体的には町おこしや発電事業、学校・保育園開設、不動産リノベーションなどによる収益を還元していくものが多く見られます。一般の金融商品よりも魅力的な利回りを提示することが多いため、リスク・リターンは大、一方、途中解約は絶対にできないので、換金性は小としています。

図12　積立型保険の仕組み

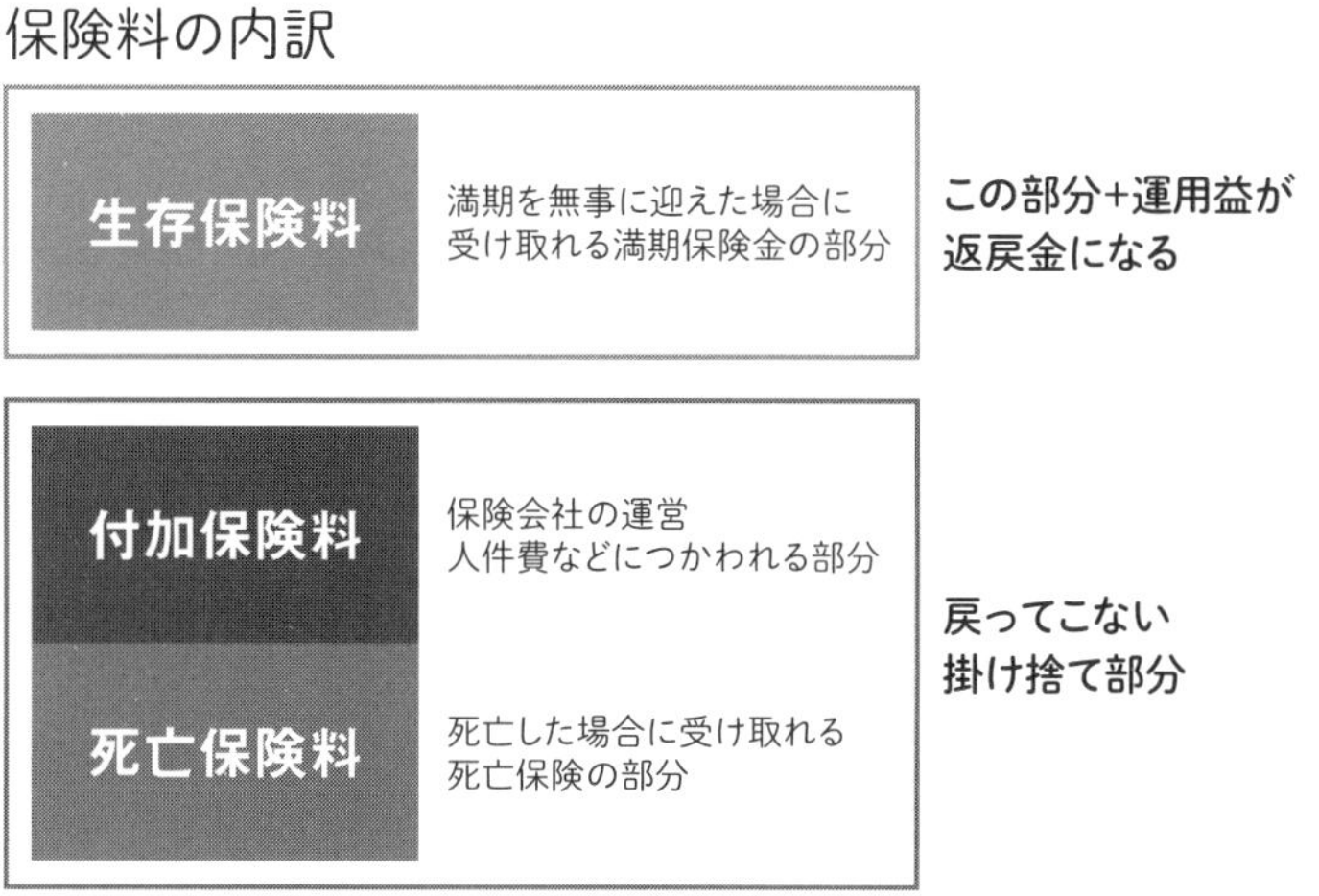

保険料の内訳

生存保険料	満期を無事に迎えた場合に 受け取れる満期保険金の部分	この部分+運用益が 返戻金になる

付加保険料	保険会社の運営 人件費などにつかわれる部分	戻ってこない 掛け捨て部分
死亡保険料	死亡した場合に受け取れる 死亡保険の部分	

図13　クラウドファンディングの仕組み

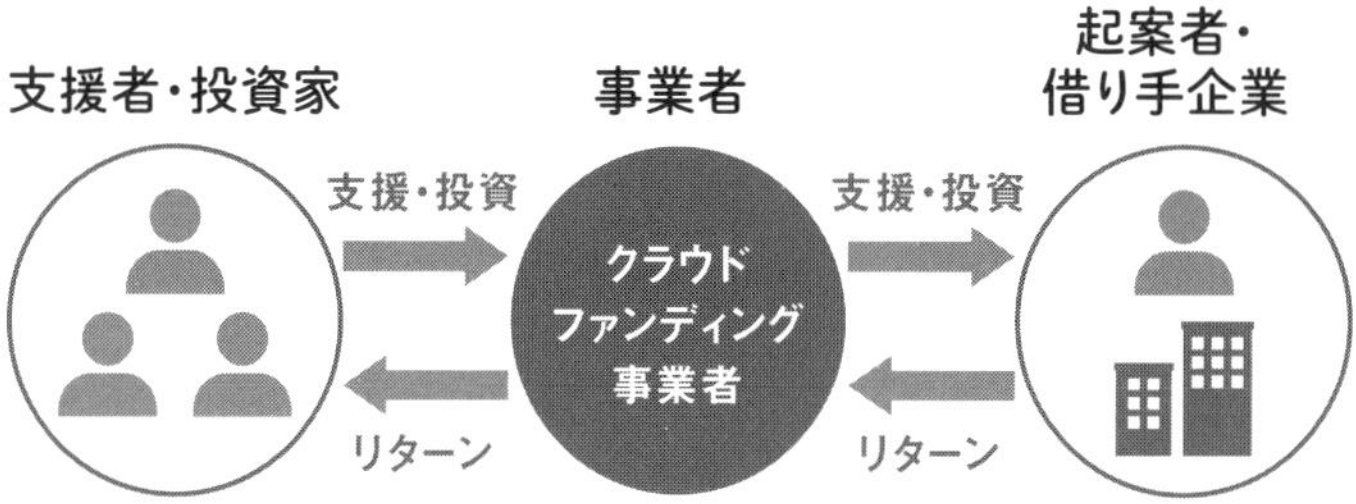

20 自分に合った投資方法診断

いろんな投資があることがわかりましたが、どんな手段をどのように始めたらいいか悩むかと思います。ここで、あなたのペースや価値観に合った投資手段について、日常の意思決定プロセスから診断してみましょう。

次の質問で一番近いものは（a）（b）（c）どれでしょうか？

質問：レストランに入ってランチを注文します。あなたはどのように選ぶことが多いですか？

（a）この店でないと食べられないようなオリジナル度が高いメニューを選ぶことが多い
（b）外れの少ない定番メニューを選ぶことが多い
（c）店の看板などを見た瞬間にぱっと直感で決めてメニューも細かくみないことが多い

（a）を選んだ人

あなたは、人と同じことをするのが嫌な天邪鬼《あまのじゃく》ではないでしょうか？　普段みんなが見つけないような掘り出し物や、今だからこそのお得商品などを見つけると満足度が高くなりがちです。

投資についても、みんなと同じはつまらないという独自の選択眼を持っていると言えます。値動きのあるものやリスクがあるものに対しても、ある程度は許容できるので、（a）を選んだ人は、自分の好きな銘柄を選ぶ株式投資や、運用方針やファンドマネージャーに好感を持てる投資信託、クラウドファンディングも、興味を持たれるのではないでしょうか？

長期運用で仕組みが面白いと感じたなら貯蓄型保険も候補にあがるでしょう。

このタイプの人は、まず、ネットなどで情報を集めることから始めましょう。

情報を集めて、ある程度比較したり、メリット・デメリットを確認して絞り込むのが、納得のいく第一歩になります。

(b) を選んだ人

安全、着実を好む人ではないでしょうか？　失敗を恐れたり、いきなり大きな冒険は避けたいと思うタイプが多いようです。

（b）を選ぶ方の投資は、やはりコツコツ着実、少しずつが基本。預金のみで今まで来られた人は、将来行ってみたい国や気になる国の外貨普通預金に毎週、毎月1万円相当ずつ積み立てる方法もいいでしょう。

投資信託も、運用方針がオリジナル度の強いアクティブ型ではなく、日経平均や、米国の代表的な株価指数に連動するインデックス型などが始めやすいでしょう。金投資も金積立なら、楽しみながらできるのではないでしょうか？　また、身近にFX投資をしている人がいて、自動売買など簡単にできる方法を教えてもらえるなら、証拠金に対する取引倍率を低めにしたFX投資も選択肢の一つでしょう。

このタイプの人は、身近なところから、少しずつ階段を上がっていくようにコツコツ積み上げていくのが自然体で続きやすいと言えます。まずは、身近な知人に教えてもらうという一歩から行動を起こしてはいかがでしょうか？　慣れていくうちにさらに他を組み合わせる応用力もついてくるでしょう。

（c）を選んだ人

あなたは感性豊かで直感がするどく、思い切りよく投資をできるセンスがあるようです。初めて何かにチャレンジして、ビギナーズラックの成果をゲットするなど、勝負強さも持ち合わせているタイプとも言えます。ただし、最初がうまくいったからと、いい気になって欲を出してしまったり、慢心してしまっては、その後のリバウンドが大きくなるので要注意。

このタイプの方のポイントは、いきなり大きな投資は避けること。そして、飽きっぽいところもあるので、長く続ける投資は、毎月定期的に投資内容の確認やチェックするなど、誰か第三者と一緒に実行したほうがいいでしょう。

一定金額までの予算を決めた上で、興味ある会社の株式投資、興味ある国の外貨普通預金、倍率を低めにしたFX、想いに共感するクラウドファンディング、将来ワクワクしそうな金積立、商業施設など興味ある不動産の投資信託などの中から、ゲーム感覚で楽しくできそうなものを選ばれるとよいのではないでしょうか？

21 お金の安心だけではない！投資は自分を知るツール

ここでもう一度、投資はあなたにとって何なのか、再確認してみましょう。

お金を増やすこと、儲けることばかりを考えていると、実は、精神的にイライラして疲れてしまったり、長続きしません。また、値動きが怖いからといって、お金を手元に置いておくだけでは、社会で必要なところにお金が集まらないので、経済は停滞したままになりがちです。

前にもお伝えしましたが、本来の投資は、社会で必要な営みを応援しようとお金を通じて参画することです。応援の気持ちがあると、値動き関係なく精神的に満たされて、長く投資活動を続けられるようになるでしょうし、あなたのお金は社会を循環して、立派な社会貢献につながるわけです。

では投資をあなたのお金のプランに盛り込むと、あなたは日々の生活などでどう変わっていくのでしょうか？

あなたへ起こる変化としては、次のようなことが考えられます。

（1）視点や視野が変わる！

何か商品やサービスを見る際に、人気があるのかないのか、その理由や背景なども合わせて考える癖がついてきます（例えば、電車のつり広告やスマホで目に入るCMなどから、どの会社や業界が勢いに乗っているのか感じる力が高まる、スーパーの買い物でもどの会社の商品がいい場所にたくさん並んでいるのかに気づいて、世の中の流行などがわかるようになる）。

（2）環境変化をキャッチする力が高まる！

世界でもお金が集まっている国やエリア、お金が流れている金融商品分類などに自然と目が向き、環境変化を察知できるようになります。株価が上昇して、企業の価値が高まっているところが見えてきたり、為替レートからどの国の通貨が今買われて高く・強くなっているのかがわかるようになってきます。

図14　円高・円安・株価の関係

	円高が進むと？ （円の価値が上がると？）		円安が進むと？ （円の価値が下がると？）	
個人の旅行	海外の通貨に交換するのが有利 海外旅行者増加・海外からの観光客減少		海外の通貨に交換するのが不利 海外旅行者減少・海外からの観光客増加	
輸出関連企業	海外から割高に見え、売れにくくなり、業績ダウン	株価↓	海外から割安に見え、売れやすくなり、業績アップ	株価↑
輸入関連企業	海外からの仕入れが割安になり、業績アップ	株価↑	海外からの仕入れが割高になり、業績ダウン	株価↓
グローバル展開企業	海外の売り上げが減り、業績ダウン	株価↓	海外の売り上げが増え、業績アップ	株価↑

なお、円高と円安と株価の関係は、図14を参照ください。

(3)経営センスが高まる!

世界のニュースなどで、積極的に活動している企業や事業について、投資の価値があるかどうか投資家の視点で見るようになると、その目的やタイミング、コストと将来の効果など、自然と経営センスも磨かれてきます（企業だけでなく、クラウドファンディングでお金を集めている内容や目的、規模なども身近になり、自分でも資金調達が身近に感じられるようになる）。

（4）将来に向けて長期的な時間軸ができる！

今の価格だけでなく、3カ月後、1年後などの価値を考えられるようになります（今の損得で選ぶのではなく、少し先の価値まで予想して、冷静・客観的に考えたりできるようになる）。

（5）自分のことがよくわかるようになる！

投資対象や予算、タイミングなどはすべて自分で決められるので、その成果も自分がやったことを客観的に見る機会になるでしょう。その際の自分の喜怒哀楽などの感情に向き合い、癖などがわかるので、自分のことがよりわかるようになると言えます。

いかがでしょうか？　投資にチャレンジすることで、意外と自分自身のことに向き合い、自分らしさを極めていくことになると思いませんか？　投資の効果は意外にも、金額だけではなく自分の成長なのかもしれませんね。

22 数字で見る投資――72の法則とは？

チリも積もれば山となるという諺から、「チリツモ」でやってみよう！とよく言われますが、ただ、漠然と行動をするよりも、例えばこのくらいやったら、将来どうなるのか、数字で見てみることも大切です。

例えば、毎月無理なく積立していったら、何年後にどのくらいになっているのかが見えているのといないのとでは、行動するときの安心感やワクワク度も大きく変わってくるでしょう。

例えば、月1万円ずつ、一般的な投資信託で積立をしていったとします。

一般的な投資信託は、購入時に0％〜3％台の販売手数料がかかるので、ここでは積立の都度1％の販売手数料がかかるものとして計算します。

また、運用期間中は信託報酬（運用管理費用）も0・1％台〜2％台などかかるので、ここでは0・2％を差し引いて平均3・8％程度の年利回りとします。

すると、図15の上の表のように、5年後は元本60万円に対して約65万円台に、また10年後は元本120万円が140万円台になる可能性もあります（換金すると増えた分に対して約20％の税金を考慮）。増えた分も含めて運用される複利の効果なら、長く続ければ続けるほど、増え方が大きくなるのがわかりますね。

次に月2万円の積立にすると、下の表のように月1万円積立の単純に2倍になります。

これは、投資信託でなくても、毎月積立できる商品なら、複利の効果で、時間を味方につけることができる一つの例です。

もし、複利の計算なんて自分で計算できないし、面倒くさいと思ったら、簡単に効果を測れる法則があります。**複利運用をすると何年で2倍になるのかがわかる「72の法則」**です。

例えば、年3％運用なら72÷3＝24年で2倍になります。

私たちは、自分の稼ぎの中から、いくらかでも世の中にお金を投資していくと、それによって経済活動が盛んになって、価値が高まり、自分のお財布にも戻ってくる！　そんな行動と結果がイメージできましたか？

図15　一般の投資信託で月１万円・月２万円積立の比較

【一般の投資信託で月1万円積立の場合】

一般の投資積立	
毎月積立額	１万円
販売手数料	1.00%
年間積立額	11.88万円
年平均利回りa	4.00%
信託報酬b	0.20%
実質運用（a－b）	3.80%

年	1	2	3	4	5	10	15	20	25	30
元本	12	24	36	48	60	120	180	240	300	360

単位万円

運用残高	12.3	25.1	38.4	52.2	66.5	145.1	211.2	281.8	354.1	427.1
換金時税金（注１）					1.3	5.0	6.2	8.4	10.8	13.4
税引後残高	12.3	25.1	38.4	52.2	65.2	140.1	205.0	273.4	343.3	413.6

（注1）通常、分配金や換金した際に約20%の税金がかかる。ここでは仮に５年経ってから換金したと仮定。

【一般の投資信託で月2万円積立の場合】

一般の投資積立	
毎月積立額	２万円
販売手数料	1.00%
年間積立額	23.76万円
年平均利回りa	4.00%
信託報酬b	0.20%
実質運用（a－b）	3.80%

年	1	2	3	4	5	10	15	20	25	30
元本	24	48	72	96	120	240	360	480	600	720

単位万円

運用残高	24.7	50.3	76.8	104.4	133.0	290.2	422.4	563.5	708.1	854.1
換金時税金（注１）					2.6	10.1	12.5	16.7	21.6	26.8
税引後残高	24.7	50.3	76.8	104.4	130.4	280.2	410.0	546.8	686.5	827.3

（注1）通常、分配金や換金した際に約20%の税金がかかる。ここでは仮に５年経ってから換金したと仮定。

23 所得税・住民税の軽減効果のある商品も

先ほど、投資信託の例でいろいろなコストがかかっているのが見えたと思います。

これは、金融機関などに口座を管理してもらい、ファンドマネージャーやシステムで運用をしてもらうためのコストで、仕組み上どうしてもかかる費用でもあります。

しかし、これらのコストをできるだけ抑え、運用期間中の税金がかからずに、さらに所得税や住民税まで軽減される制度があるといったら、どうでしょうか？


人生100年時代と言われる中、60歳まで使わないで超長期の運用をしてもよいかなと思う方には、個人型確定拠出年金（iDeCo）の制度を活用する選択もあります。

iDeCoは、国の公的な年金制度を補う役割として導入された制度です。何が「確定」しているのかというと、受取年金額ではなくて、積立（拠出）する額を確定させるという

図16　iDeCoで月２万円積立の場合

iDeCo（個人型確定拠出年金）

初回のみ費用　2,829円

毎月積立額	２万円
月管理手数料	0.0171万円
年間実績積立額	23.79万円
年平均利回りa	4.00%（仮定）
信託報酬b	0.20%
実質運用（a－b）	3.80%

単位万円

年	1	2	3	4	5	10	15	20	25	30
元本	24	48	72	96	120	240	360	480	600	720
運用残高	24.7	50.3	76.9	104.6	133.2	293.8	487.3	720.4	1001.3	1339.9
税金（注1）	0	0	0	0	0	0	0	0	0	0
軽減税累計（注2）	3.6	7.2	10.8	14.4	18.0	36.0	54.0	72.0	90.0	108.0
運用残高＋軽減税累計	28.3	57.5	87.7	119.0	151.2	329.8	541.3	792.4	1091.3	1447.9

（注1）iDeCoは運用期間中の税金が繰り延べされ、受取時も控除がある
（注2）所得税・住民税は年収300万円程度の場合の累計を試算（税率10%）

iDeCoシミュレーション参考：iDeCo公式サイト

意味で、将来の受取額は自分が運用手段として選んだ金融商品の成果しだいです。ｉＤｅＣｏは、申込窓口となる金融機関の品揃えによって、預貯金や保険など元本確保型の商品から、国内海外のさまざまな投資信託が選べるようになっています。

その一般的な投資信託での運用＆節税効果を見てみましょう。

税金のメリットがあるので、積立できる額には上限があり、企業年金のない会社員なら毎月２・３万円まで、自営業は公的年金が少ないので毎月６・８万円まで可能です。

図16では、図15と同じ運用内容の投資信託を選び、同様の成果（利回り）で毎月2万円ずつ積立をした例で試算しています。

するとどうでしょう？ 10年後の残高と所得税・住民税の軽減額を足すと320万円台となり、図15の場合よりも、40万円以上もプラスになっている可能性すらあるのです。

これは、一つ目に、運用で得られた利益が非課税で複利効果が高まること。さらに、毎年の所得税・住民税に対して、「小規模企業共済等掛金控除」といって、iDeCoの積立分全額を課税対象となる所得から差し引くことができることで、ダブルで効果が大きくなっているためです。なお、iDeCoは高齢化社会への備えとして、国が導入している税制優遇なので、60歳まで引き出しできません。それでもよさそうというくらいに無理のない積立額でやることが何より大事です。

なお、やっぱり60歳まで換金できないなんて気が遠い、もっと前倒しして換金できるようにしたいという場合は、**運用による利益分が非課税になるNISA（少額投資非課税制度）**もあります。NISAは、投資信託や株式などの運用対象に対して、NISA専用口座をつくると、利益に対して税金がかからないので、ただ普通に証券会社や銀行などで投資信託を始めてしまうよりも先に検討しておきたい制度です。

ＮＩＳＡは、図17のように、まとまった額を運用できる（一般）ＮＩＳＡと毎月の積立専用のつみたてＮＩＳＡがあります。現行のものから２０２４年に改正され、特に（一般）ＮＩＳＡについては、まず、第一ステージとしてつみたてＮＩＳＡを利用し、その利用者が第2ステージでまとまった運用ができるという2階建て構造になります。つまり、いきなり多額の株式などの投資をする前に、まずは安定的な積立投資から入るように意図されているわけです。

図17　NISA制度の改正

現行	（一般）NISA	つみたてNISA
年間の非課税枠	120万円	40万円
利益の非課税期間	5年	20年
投資の対象	国内外の上場株式、投資信託	所定の投資信託、ETF
投資できる期間	～2023年まで	～2037年まで

<table>
<tr><th>2024年改正後</th><th>（一般）NISA</th><th>つみたてNISA</th></tr>
<tr><td rowspan="2">年間の非課税枠</td><td>＜２階部分＞
102万円
（１階部分に少しでも積立投資している人対象）</td><td rowspan="2">40万円</td></tr>
<tr><td>＜１階部分＞20万円</td></tr>
<tr><td rowspan="2">利益の非課税期間</td><td>＜２階部分＞５年間</td><td rowspan="2">20年間</td></tr>
<tr><td>＜１階部分＞
５年間
（終了後は「つみたてNISA」への移行可能）</td></tr>
<tr><td rowspan="2">投資の対象</td><td>＜２階部分＞
（一般）NISAからリスクの高いものを除く</td><td rowspan="2">積立分散投資向きの一定の投資信託、ETF</td></tr>
<tr><td>＜１階部分＞
つみたてNISAと同じ</td></tr>
<tr><td>投資できる期間</td><td>2028年まで</td><td>2042年まで</td></tr>
</table>

実はこのＮＩＳＡにはデメリットがあり、株式や投資信託の運用でプラスになったときは非課税で嬉しいのですが、仮にマイナスが出てしまったときは、他の株式や投資信託のプラスと相殺することができないのです。ということは、当然ながら、まずできるだけ損を出さないようにすることが先決というわけです。特に投資に慣れていない人は、現行のつみたてＮＩＳＡか、２０２４年以降の（一般）ＮＩＳＡの１階部分で少額の毎月積立タイプから投資を始めたほうが、メンタル的にも落ち着いていられるのではないでしょうか？

なお、投資は値動きがありますが、**毎月積立する方法が精神的にも安定をもたらす**というのは次の「ドルコスト平均法」からもよく言われます。それは、毎回定額ずつ購入することで、平均購入単価を下げる効果があるというものです。次の図に、基準価額が変わる投資信託の例で、事例を整理してみました。

図18　ドルコスト平均法の事例

【値動きのある商品（投資信託1万口当たりの価額の例）】（1口1円）

何カ月目	1	2	3	4
基準価額	¥10,000	¥12,000	¥8,000	¥10,000

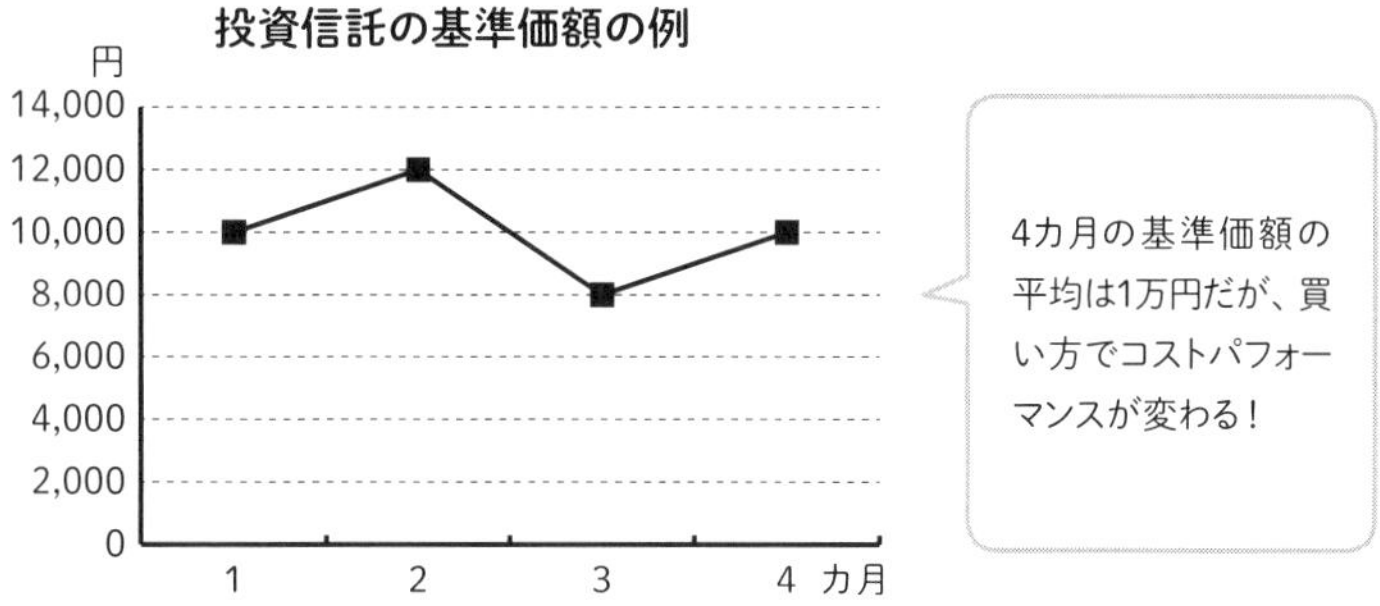

(A) 毎月1日に同じ口数ずつ購入する場合

ここを固定

何カ月目	1	2	3	4	4カ月合計	平均購入単価（1万口当たり）(A)
購入口数	10,000口	10,000口	10,000口	10,000口	40,000口	¥10,000（基準価額が¥10,000では利益ゼロ）
購入金額	¥10,000	¥12,000	¥8,000	¥10,000	¥40,000	

(B) 毎月1日同じ金額ずつ購入する場合

ここを固定させて買うのがドルコスト平均法

何カ月目	1	2	3	4	4カ月合計	平均購入単価（1万口当たり）(B)
購入口数	10,000口	8,333口	12,500口	10,000口	40,833口	¥9,796（基準価額が¥10,000でも利益が出る）
購入金額	¥10,000	¥10,000	¥10,000	¥10,000	¥40,000	

※上記は、ある投資信託の基準価額の推移を例えて表示したグラフ
※上記は「ドルコスト平均法」の説明を旨とした仮定のものであり、実際の投資結果を約束するものではない
※上記計算では手数料などの費用は考慮していない

まず、何回か積立をした例で、購入時の基準価額を平均すると1万円であっても、（B）のように、毎回一定額ずつ投資していくと、値段が高いときは購入口数が少なく、値段が低いときは購入口数が多くなるので、結果的に平均購入単価が1万円を下回って、利益が出やすくなるのです。

高いときは少しだけ、安いときにたくさん買うという買い方を続けていくわけです。これは、**投資家の感情からすると、値上がりしたら今までの投資効果が出ていると嬉しく感じるでしょうし、値下がりしても、今バーゲンのようにたくさん買えている**と捉えることができるのではないでしょうか？

24 抵抗がある人には手軽なポイント投資も

でもやっぱり怖い、すぐには……という場合は、身近な疑似体験的なことから始める方法があります。

それはポイントを使った投資です。クレジットカード払いや携帯電話の料金支払いなどで貯まってくるポイントを投資に回せるものも最近は増えてきました。

しかも手続きなどもスマホのアプリで完結でき、ポイント数も100ポイントからできるなど、とても便利になってきています。

運用の内容はあまり種類が多くなく、投資信託やメジャーな何種類かの株式から選ぶ形が多くなっています。ポイント投資には大きく2種類があるので、図19に違いをまとめました。

図19　ポイント投資の種類

	(A) ポイント運用（疑似体験）タイプ	(B) ポイントで投信購入タイプ
特徴	ポイントの残高が運用手段の値動きに連動（疑似体験）	ポイントを換金して実際に証券口座で運用
証券口座	開設必要なし	開設が必要
運用	数種の投資信託、数種の株式	実際の投資信託や、数種の株式
ポイント	多くが 100 ポイントから投資できる。増えたポイントは1ポイント単位で引き出して買い物もできる	多くが 100 ポイントから投資できる。保有額や積立額に応じてポイント付与
手数料	かからないところが多い	かかる（手数料に対してポイント付与の場合もある）
利益への課税	一時所得（50 万円までは非課税）	通常の投資と同様、譲渡所得
NISA 対応	なし	NISA、つみたて NISA も対応可能

（A）ポイント運用（疑似体験）タイプは、シンプルな投資商品から選び、その運用の値動きとポイントの残高が連動する疑似体験バージョンです。実際のお金ではなく、投資信託の基準価額や株価の動きに合わせてポイント数が増減していくというのがミソで、手数料や税金などもほとんどかからないところが多くなっています。

一方、（B）ポイントで実際に投資信託などを購入するタイプは、ポイントを現金に換えて投資信託や数種類の株式を実際に買うものです。証券口座の開設も必要になります。

ポイントをお金に換えるだけで、あとは証券会社の中の手続きは同じになるので、売買の手数料も通常かかりますが、ＮＩＳＡ口座にすることも可能です。

（Ａ）（Ｂ）どちらも１００ポイントからできるところが多いので、おまけで貯まったポイントを、試しに投資信託や株式から選んでみると、値動きに慣れて投資が怖くなくなるのではないでしょうか？

まったく初めてという人は（Ａ）疑似体験バージョンから始める人も多いそうです。そして慣れたら（Ｂ）の実際にポイントを換金して投資信託などを買ってみる方法にチャレンジし、実際の投資へのステップアップにつなげるのもいいでしょう。

25

具体的に一歩を踏み出すために必要なプラン

自分に合った投資方法が見えてきたら、具体的にプランを考えていきましょう。
まず、今後、いつ頃、どんなことにお金を使っていきたいのか分類することから整理していきましょう。

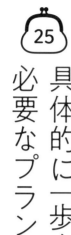

◎1年以内に使いたいお金・使うかもしれないお金

1年以内に使う予定があるものは、リスク・リターンが大きく、値動きの大きな金融商品は適しません。また、換金しにくいものも適しませんよね。結果的に日本円の定期預金や普通預金などになっていくでしょう。

なお、自然災害や地震対策、家族の冠婚葬祭や歯の治療費や医療費など、ひょっとして使うことになるかもしれないお金を予備費として、日本円の普通預金などで持っておくことも安心の秘訣です。**目安として半年から1年分の生活費分が、定期預金や普通預金残高にあると、急な出費にも対応できる**ので、他の目的で運用商品を選びやすくなります。

◎1年超5年以内に使いたいお金

5年以内に使う可能性があるものは、運用期間や満期が5年以内のものを選ぶ必要があります。

海外旅行に使うなら、その頃に換金できるような外貨預金やFXも活用できるでしょう。また、投資信託も値動きがありますが、換金できるタイミングは毎日あるので、できるだけ値動きが荒くならないよう分散投資を徹底して、世界の株や債券の投資信託、世界の不動産投資信託などを候補にするとよいでしょう。ここで、NISAが活用できるとも言えます。

クラウドファンディングでも期間が数カ月のものを何回かチャレンジしたり、他にも期間が1年から長いもので2、3年程度のものがあるので、内容や利率に納得したら、分散投資の一環として数万円程度ずつ取り入れてもよいでしょう。

◎5年超10年以内に使いたいお金

5年超になるとすぐに引き出せなくても、長期だからこそのメリットのある運用手段を選べます。掛け捨てでなく貯蓄機能をもつ積立型保険商品も候補でしょう。日々値動きを見るのが億劫《おっくう》だったり、できるだけお任せで過ごしたいという人には、保険という仕組みの中で積立部分が運用されるお任せ的な商品は使いやすいかもしれません。

また、5年～10年くらい換金しなくてもいいお金であれば、アラカルト料理を選ぶように、自分で個別に銘柄を選んで、株式投資にチャレンジしてもよいでしょう。5年間ずっと置いておくのではなく、毎週末など定期的に株価をウォッチして、右肩上がりの銘柄で、株価が低めの時に買い、10%～20%上がったら売る（もし下がったら5%下がった時点で損を覚悟で切り替えるため損切りする）というのを繰り返していくと、成果を出しやすいでしょう。ここでもＮＩＳＡを活かせますね。

◎10年超運用できるお金

10年以上の運用期間というと、ほとんどが特にすぐに使わない程度で、具体的な目的が出てこないかもしれません。将来の親の介護などの不安に備えておきたいとか、自分の老後に向けてなど、漠然とした不安に対する行き場のないお金がここに入ってくることもよく見られます。**老後用であれば、iDeCoを利用するのも賢い方法**です。

投資は世の中のお金の循環を促進する社会貢献でもあります。10年くらいお金を世の中に泳がせていけるかなと思うのなら、ぜひ、思い切って積極的に投資されることをお勧めします。

例えば、今の趣味や自分が好きなものに関係ある企業の株式を買って株主になってみる、好きなエリア（海外など）を含む投資信託を買ってみる、自分が転職したいとか将来性があると思う業界の株式を買ってみるなども面白いと思います。

中には、最初は漠然としていても、投資をしている人同士の勉強会や交流会もあるので、それらに顔を出すことで、似たような趣向をもつ仲間や出会いが増えて、やりたいことなどに弾みがつくかもしれません。

さぁ、投資はいつからでも誰でもできます。

どう行動したらいいかわからなかったら、まずは、今、預金口座を持っている金融機関のWebサイトを見てみましょう。そこにも、何らかの投資運用商品が並んでいるはずです。それを最初の目安情報として、銀行口座からお金を移動しやすい証券会社のWebページに飛んで、商品の品揃えを確認してみましょう。サービスメニューのレイアウトやFAQなどがわかりやすいかどうかも、投資を続けやすいかどうかのチェック項目になります。前述した3タイプ診断も参考に、投資を始めるプロセスも自分らしい方法を活かしてみてくださいね。

投資は、タイミングも目的も期間も、あなたが気づいて行動をしたいときがベストな時期。今からでも、全く遅くはありません。無理なくシンプルなものから始めてみましょう。

まとめのワーク 03

**Q1: あなたが1年以内にお金を使いたいことには何がある？
いくらくらい必要？**

□旅行（予算　　円）、□資格など勉強代（予算　　円）、
□結婚資金（予算　　円）、□引っ越し代（予算　　円）、□その他（予算　　円）

**Q2: あなたが1年～5年以内にお金を使いたいことに何がある？
いくらくらい必要？**

□体験・旅行（予算　　円）、□資格取得など勉強代（予算　　円）、
□結婚資金（予算　　円）、□マンションなどの住宅購入時の頭金（予算　　円）、
□その他（予算　　円）

Q3: 5年～10年以内にお金を使いたいことはどんなこと？

□旅行・海外旅行（予算　　円）、□資格取得など勉強代（予算　　円）、
□結婚資金（予算　　円）、□マンションなどの住宅購入時の頭金（予算　　円）、
□その他（予算　　円）

Q4: 10年以上運用できるお金は何のため？

□使い道はわからないが不安だから、□10年くらい使うことがなさそう
□その他（　　　　　　　　　　）

**Q5: それぞれの使い道に合わせた運用に着手するために、
まず何から始めますか？**

□Webサイトを複数見て資料請求や口座開設請求をする
□自分が調べた商品について、身近な人に聞いてみる
□ポイント投資などからチャレンジしてみる
□その他（　　　　　　　　　　）

第4章

住まいとお金

賃貸・持ち家の仕組みを
知っておく

26 どこで誰とどんな暮らしがしたいのか?

住まいのお金は、毎月かかる固定費でもあり、かなり重要な要素ですよね。よく「いくらなら払えるか」とか「こっちのほうがお得」という金額面から自分の拠点を選んだりする声も聞かれますが、それでよいのでしょうか? 住まいは、毎日、睡眠や食事などでエネルギーチャージし、入浴や排泄でデトックスや癒しを得られる場所でもあり、あなたの人間性をより育む空間として、よく考えて選ぶことが重要でしょう。

その際、少なくとも「どこで誰とどのように暮らしたいのか?」という2W1Hは最低限、具体的に考えておくと良いでしょう。

(1) どこで (Where)

これは、あなたの働き方とも密接に関係してくるでしょう。仕事場の近くがよいのか?

その必要がないのか？　電車や車などの移動手段の利便性をどこまで重視するのか？　悩みますよね。立地が良く、利便性の高いところは当然一般的に人気が高く、家賃や購入費も高めになります。

また、人によっては、利便性よりも、緑が多いところ、海が見えるところ、公園が近いところなどを重要視する人もいるでしょう。なかなか決められないときは、実際に電車や車で移動して、その場所に降り立ったときの直感を大事にしてください。

中には方角から吉方位などを参考にする人もいますが、実際にその場所に行って、「ああ、気持ちいいなぁ」「ここにずっと居たいなぁ」と思ったら、きっとその場所との相性も良いと言えるのではないでしょうか。

(2) 誰と（Who）

誰とというのは、結婚相手、恋人、友達、兄弟、親や親戚など、いろいろあり得ます。

ペットをあげる人もいるでしょう。その人たちやペットと共同生活をするために、どんな住まいがいいのか間取りや部屋数などを、実際にイメージしたり、絵に描いたり、人に相談すると、より明確になってきます。

また親と同居でずっと暮らす予定の場合、家賃負担などは楽でしょうが、いずれ親の介護も期待されることになりかねません。このように住まいは、人との関わり合いによって、場所も間取りなども当然、変わってきます。

（3）どのように（How）

これは、まず買うのか、借りるのかを決めます。買う場合は、一軒家か、マンションなどの集合住宅か、その中でも新築にこだわるのか、中古でよいのか、と具体的に掘り下げていきます。最近は、転職する可能性も高く、兄弟も少なく、実家もあるために、特に買う必要はないという人が増えているのも事実です。その場合は、借りるという選択肢が強くなりますが、通常の賃貸のほか、シェアハウスや賃貸物件を共同で借りるなど、選択肢が増えてきています。

ここで、**金額による損得から選んでしまうと、せっかく選んでも何か気に入らないなど納得できない部分が出て、もう一度引っ越しをするということにもなりかねません。**

自分の中で、どこで（Where）、誰（Who）と、どのように（How）という3つを考えておくと、いつ頃にどのくらいの予算で、と自ずと整理できるのではないでしょうか？

27 住まいの選択肢とは？

昔は、結婚したらマイホームを買うというのが一つの理想像としてよくあげられましたが、それは、日本の賃貸住宅が比較的壁が薄く、小さい子供を含む家族で暮らすのに騒音やら何やら気を遣うことが多かったからではないかと私は感じています。

最近は、購入する若い人たちの経済的な事情として、転職なども多く、収入金額が右肩上がりに増えるとは限らないことや、住宅ローンを組むことへのハードルや不安も大きいようで、皆が一様にマイホームの購入を考えるほどではなくなってきています。

実際、住宅ローンは最長35年間返済していく借金なので、安定収入かどうかを借入時にしっかりと審査されます。**仕事が変われば、拠点も変える、暮らし方も変える、そういった自由なライフスタイルを求める傾向**も高まっているので、持ち家のわずらわしさのない賃貸派が増えているように思います。図20では、賃貸の場合と購入して持ち家の場合のメ

図20　賃貸（シェアハウス含む）と持ち家のメリット・デメリット

	賃貸	持ち家
メリット	・入居時の負担が軽い	・自分の所有という安心感
	・住宅ローンがなく身軽	・リフォームも自由
	・所有しないので税金はかからない	・資産になる
	・メンテナンス費用はかからない	・税金面で優遇がある
	・すぐに引っ越せる	・人に貸すことができる
	・地震の損失は家財のみ	・住宅ローン完済後は、維持費のみ
デメリット	・借りているので気を遣うことも	・購入時の頭金や諸費用など負担が大きい
	・勝手にリフォームできない	・住宅ローンという借金を背負う重荷
	・資産にならない	・固定資産税がかかる
	・税金の優遇はない	・維持費がかかる
	・大家の都合に合わせることも	・簡単に住み替えしにくい
	・老後まで家賃必要	・地震の損失は建物にも影響あり

リット・デメリットを整理してみました。

〇賃貸のメリット・デメリット

賃貸のメリットは、入居時のコストと身軽さがあげられます。入居時は、敷金礼金のみでよく、購入時のような頭金や諸費用で数百万円もの負担にはならないでしょう。住宅ローンという長期の借金は抱えませんし、所有しないので固定資産税という税金もかかりません。仮に水漏れなどがあっても、この修理費は持ち主の大家さんの負担です。

また、もし入居した後に環境が合

わないと思ったら、すぐに引っ越すことも可能です。そして、日本に多い地震で建物が倒壊しても、入居者は建物の被害負担はなく、もっぱら被害は自分の部屋の中の家財の分だけですみます。こうした賃貸のメリットは、この後触れる持ち家のデメリットになります。

一方、賃貸のデメリットは、自分の所有ではなく借りている身なので、大家さんに気を遣ったり、勝手にリフォームなど手を入れることができない制約があげられます。また、税金面の優遇もなく、大家さんの都合で家賃の値上げや立ち退きを求められることもありえます。長生きすれば、家賃は老後までずっと払い続けることになるなどがあげられます。

◯持ち家のメリット・デメリット

持ち家のメリットは、自分の所有になる安心感や資産価値が残ること、部屋の内装などある程度好きなようにできる点がよくあげられます。また、住宅購入によって所得税など税金面の優遇がある点、さらに、人に貸して家賃を得ることができる点も、賃貸と異なる魅力と言われます。

一方、大きなデメリットはお金の負担です。購入時の諸費用として物件価格の5％〜7％

程度や、頭金など数百万円もの負担に苦労している人もよくみかけます。また、一軒家でもマンションなどの集合住宅でも購入後、毎年固定資産税がかかります。これらは、広さなどによりますが、毎年10万〜20万円前後はかかるところが多いようです。

さらに一軒家なら、台風などによる屋根の修理、外壁なども10年〜15年前後ごとにメンテナンスが発生します。そして昨今は、地震による建物の倒壊を心配する人も増えてきています。地震保険等に加入する方法もありますが、完璧に元に戻す金額を受け取れるわけではないので、自分の所有物を守るために預貯金を多めに準備するなどさまざまな対策が必要です。

また、持ち家でもマンションの場合は、固定資産税のほか、毎月の管理費と修繕積立金がかかります。これも一般的に広さ（専有面積）によりますが、毎月２万円台から４万円近くを負担している人もいます。

○新築・中古のメリット・デメリット

今度は、賃貸・持ち家問わず、新築か中古かどうかについて見てみましょう。

これも価値観やこだわりによる部分が多いかと思います。

新築は誰も住んでいないので、新品できれいですよね。新しい空間を新鮮な気持ちで味わえ、自分の再出発にもふさわしいと思う人が多いでしょう。その一方で、同じ家で暮らした人がいない分、実際の暮らしの感想なども聞けないので、思わぬ環境にビックリすることもあるようです。日光の入り方、音や風雨の影響、季節変化の影響、さらに稀にではありますが、住宅のどこかで不良個所が発覚することもありえます。

一方、中古の場合、前の住民が心地よく生活されてきたのかどうかを確認することができると、意外と大きな安心感につながることもあります。

また築年数が特に古い場合は、耐震構造をみるためにも、物件の建築確認日を確認することが必須です。特に**建築確認日が1981年6月より前の場合は要注意**。耐震基準が変更される前の古い基準のままの場合があるので、古い建築物は、耐震診断が行われ、必要な補強が行われているかどうかもしっかりとチェックしましょう。

○シェアハウスのメリット・デメリット

シェアハウスは、一つの住居を複数人で共有して暮らす賃貸物件。一般的にはキッチンやリビング、バスルームなどを共有し、プライバシー空間として個室を利用します。

運営面で大きく2つのタイプがあり、事業者が入居者の募集から運営、建物管理までをおこなうタイプと、友人同士などが直接大家さんから借りてシェアするタイプがあります。

シェアハウスのメリットは、なんといってもお金の面で家賃が安くなること、敷金・礼金0円タイプなどもあり、節約が可能です。そして、一人だけで淋しさを感じずに適度な交流を楽しんだり助け合ったりできることも大きいようです。特に事業者が運営している場合は、冷蔵庫や洗濯機、電子レンジなど、生活アイテムが既に揃っていて大きな家電製品を買わずにすむ場合もあります。

一方デメリットは、キッチンやリビングなど共有スペースの扱いでルールを守るなど気を遣うこと。また、自分と周囲との価値観の違いからで、知らない間に音や匂いなどで、精神的にダメージを受けていることもあるでしょう。やはり、人間関係とプライベートが確保しにくい点がよく問題になるようです。

このように住まいについては、これからもいろいろなスタイルが登場するかと思いますが、人との関係やお金のことなど、完璧ということはありません。そこで、持ち家派なのか、賃貸派なのか、あなたの価値観から診断をしてみましょう。

28 あなたは持ち家派？それとも賃貸派？

あなたの価値観を見るために、次の質問を用意しました。

仮に何かトラブルや大きなハードルにぶつかったとき、あなたはどのように解決したいですか？　次の3つのうち一番近いものをチェックしてみてください。

□（a）何回でもトライして諦めずに努力と根性で乗り切りたい
□（b）調査などをして賢くできるだけ無駄なく、効率よく乗り切りたい
□（c）閃きに任せて、奇跡の大逆転で乗り切りたい

（a）をチェックした人

あなたは、真面目で地道な性格の持ち主でしょう。まずはやってみるという行動派で、

見た目もしっかりと形から入ったほうが安心するタイプでしょう。つまり住まいも、できるだけ**安定して長期的に地に足がついた拠点を得られるよう、持ち家派が多い**と言えます。早く落ち着けるよう、住宅購入プランを進めたほうが、その後の仕事や家庭のことにも向き合って前進しやすいのではないでしょうか？

なお、どのような持ち家がいいかは、先にあげたように、誰とどこでどのように暮らすのか？をベースに決めていってくださいね。

(b) をチェックした人

効率性を重視する傾向が強いようですね。愚直にやるよりも、いいとこ取りをしたり、一石二鳥のようなメリットの大きなプランのほうが好みなのではないでしょうか？

住まいも、それぞれのメリットとデメリットをよく吟味しながら、数字や金額で効果やコスパを確認していくプロセスが大事でしょう。それがしっかりできれば、持ち家でも賃貸でも形にはこだわらず、あなたの**価値観や目的から、絞り込んで問題ありません。**家賃や住宅ローンなどの住まい費が全体のどれくらいを占めるかを計算した上で、自分らしく趣味を活かせて居心地が良い住まい、間取りなど動線が効率的で便利で楽しく過ごしやすい住まいなどを追究してください。

（c）を選んだ人

直感や空気感を大切にする人で、日ごろの買い物でも、たまたまピッタリのものを見つけた、ピンときた、などの感覚で、結果的に満足度の高いものをゲットしていることが多いのではないでしょうか？

住まいについても、たまたま見かけたオープンルームや、なぜか気になるチラシや文言などがきっかけとなることが多いようです。ただ、少々飽きっぽい傾向もあるので、一カ所に長くとどまるというよりも、**その時その時の状況に応じて、拠点を移すほうが合っている**と言えます。

よって、このタイプの方の傾向としては、賃貸をベースに気軽に探すほうが向いていそうですね。なお、最終的に決める際には、自分の直感や第一印象を大切にしながらも、一度は信頼できる友達や第三者に予算や負担感についてチェックしてもらうことをお勧めします。

29

住宅購入の流れと注意点

さて、持ち家派、住宅を購入したいと思っている人には、あらかじめ必要な事前準備があるので、伝えておきます。

それは、住宅ローンを組めるようにしておくことと、少なくとも購入時の諸費用分以上は余裕をもって預貯金を準備しておくことです。

まず、家を買う場合に、お値段として何千万円という物件の価格を見ると思いますが、それをすべて一度に現金で買う人は非常に稀です。ほとんどの人が住宅ローンを組むので、図21のようなイメージになります。

つまり、何千万円という**物件の価格は、②の頭金＋①の住宅ローンの合計額で、そのほかに、実は、諸費用がかかります。**

ここで、仮にマンションや分譲住宅を購入する場合の手続きやお金の流れをみてみま

図21　住宅購入の予算イメージ

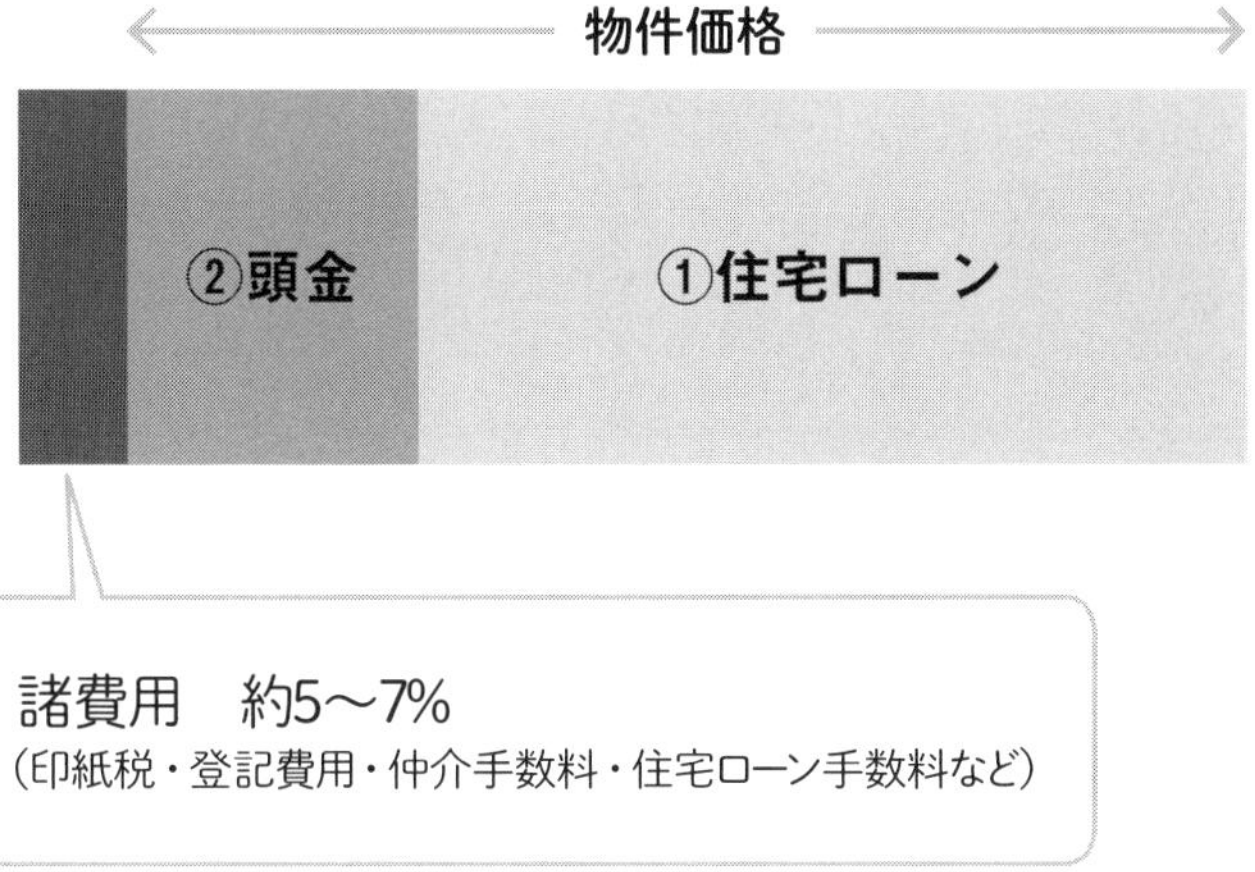

しょう。

まず、気にいった物件が見つかってそれを購入する手続きに入る場合、以下の手続きが必要になります。

（1）不動産の売買契約を結ぶ

不動産購入申込をして、宅地建物取引士の資格を持つ営業担当から、重要事項として物件の状況や契約の内容について説明を受けた上で、売買契約書に署名・捺印します。

（2）手付金を払う

手付金は購入代金の一部を先払いするもので、保証金のようなもの。

目安は、物件価格の5%~10%と言われ、これは預貯金から払い、最終的に頭金として組み込まれます。なぜ手付金が必要かというと、実際には、売買契約から引き渡しまで数カ月以上もの間があくことが多いからです。売買契約後にキャンセルが発生した場合、買う側の都合でキャンセルするなら手付金を放棄すれば解約でき、逆に、売主側からのキャンセルなら、手付金の2倍を買主に支払うことになっています。

(3) 住宅ローンの申込

金融機関などに住宅ローンの申込をして、希望額を借りられるかどうか審査を受けます。健康状態、年収などから返済能力、金融機関がチェックする条件をクリアすると、承認がおります。もし、一定期間までにローンの承認がおりなかったら、売買契約書にあるローン条項により、ペナルティなしで白紙に戻せます。

(4) 住宅ローンの借入契約(金銭消費貸借契約)を結ぶ

物件の引き渡し時期に合わせて、住宅ローンを融資実行してもらえるよう、住宅ローンの契約をします。

（5）物件の引き渡し・決済

物件の引き渡し時に、住宅ローンが融資され、残金を自己資金で支払うことで、決済が完了します。同時に、司法書士によって、土地や建物の所有権等を法的に証明する登記もなされます。

（6）諸費用の支払い

引き渡し時の登記費用や、一定額以上の契約書で必要な印紙税、住宅ローンの手数料や、中古物件の場合の仲介手数料などの諸費用は、自己資金から捻出することが一般的です。諸費用全般で、おおよそ目安は物件価格の5％～7％程度と言われています。

以上、住宅購入の流れを見てきましたが、住宅購入の数年前から準備するべきことがあります。それは、ムリなく理想的な購入を実現するために、住宅ローンを着実に借りられるように自分の信用を高めておくことです。つまり、次の3つがあげられます。

図22　住宅購入の流れと必要な自己資金

住宅ローン手続き	手続きの流れ	必要な自己資金（主なもののみ）
	申込をし、重要事項説明を受ける	
住宅ローンの申込	**売買契約を結ぶ**	・**手付金**（頭金の一部）（物件価格の5%～10%）
↓	↓	
承認		
↓		
金銭消費貸借契約（住宅ローン融資が実行される）	↓	
	物件引き渡し・決済	・**物件価格の残金を支払う** ・**諸費用を払う**（登記諸費用・印紙税・住宅ローン手数料など）

（1）収入を3年以上安定させておく

返済能力を審査されるのに、一般的に過去3年間の収入を確認されます。会社員で給与所得のみなら、源泉徴収票などの支払給与の総額の欄を、自営業者や副業などがある人は確定申告書の「課税される所得」の欄をチェックされます。

なお、転職や独立起業をしたばかりの人は、収入が不安定とみなされがちで、民間の金融機関からは借りにくくなる傾向が強くなります。よって、住宅購入を考えているのなら、転職や独立の前に住宅ローンを組んで購入し、その後、職業の変更を借入先に報告したほうがスムーズでしょう。

（2）5年以上は医療機関にかからず健康でいること

住宅ローンを借りるためには、返済残高に対する生命保険（団体信用生命保険）に加入することが求められるので、返済する人の健康状態もチェックされます。その内容は、一般の生命保険と同様、手術や投薬などのレベルに応じ、過去2年から5年以内の病気やケガなどの治療歴などです。

よって、若くても、高血圧等の薬を飲んでいたりすると、ローン審査が厳しいということになりかねず、2章でお伝えしたように、健康であることも、立派な準備になります。

(3) 他の借金はなくしておく

もし、住宅ローンを借りる前に、車のローンや教育ローン、クレジットカードのショッピングローン、キャッシングの返済などがあると、それらも含めて返済能力を審査されます。

よって、住宅ローンの審査をする前には他のローンは完済しておくことが重要な準備事項です。特に、あなたの信用度に大きく影響を与えてしまうキャッシングは極力手を付けないように気を付けてください。

そして、クレジットカードをたくさんの枚数持っていると、保有しているだけでキャッシング利用可能枠が枚数分考慮されてしまうこともあるので、余計なクレジットカードは解約するなど、枚数を減らしておくことも重要な準備です。

30 買う？ 借りる？ 数字で比較する持ち家と賃貸

住まいは、前にも触れたように、損か得かではなく、ご自身の価値観や優先順位を大事にして絞り込みたいですよね。

でも、どうしても金額を比較してみたいという人も多く、あえて、典型的なパターンとして、住宅を購入した場合と借りた場合の経済的な比較をしてみました（図23参照）。

持ち家として、3000万円のマンションを購入したとします。預貯金を準備して頭金として1割の300万円を入れ、住宅ローンは2700万円分とします。

住宅ローンの金利が1％相当の場合、一般的な計算方法（毎月の返済が一定になるように計算する元利均等返済方式）でボーナス返済なし、返済期間30年とした場合、毎月返済額は約8・7万円です。**ここで家賃より負担が軽い！と安易に比べてはいけません。**

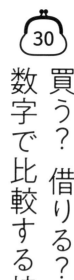

図23　持ち家と賃貸のコスト比較

住まい	持ち家 （マンション3,000万円）	賃貸 （月10万円のマンション）
自己資金	頭金300万円	敷金／保証金・礼金20万円
毎月の負担	・**住宅ローン** （借入2,700万円、金利1％、30年返済、ボーナス返済なし、元利均等返済） 毎月約8.7万円 （総返済額約3,126万円） ・**管理費・修繕積立金**として毎月２万円	家賃10万円
維持費負担	固定資産税 年間約10万円とする	２年ごとに更新料１カ月分
30年間の合計	約4,450万円 －30年後の資産価値 ＝**正味の負担額**	約3,770万円

実際には、**住宅ローン以外に、マンションの管理費と修繕積立金、さらには毎年の固定資産税がかかります**。これらをもとに、30年間の住宅ローン総返済額として約３１２６万円、その他の諸費用の累計を出すと、30年間の支出合計は４４５０万円相当になります。

一方、賃貸の場合は、敷金・礼金プラス、家賃10万円相当を２年ごとに更新しながら負担していったとすると、単純計算で30年間で３７７０万円相当になるようです。

どちらも大きい数字ですよね。これだけ住まいに対するコストは大きいものになりますが、持ち家は自分の所有権があり、賃貸には所有権はありません。

一軒家は一生安泰かというと、30年くらいするとライフスタイルの変化や家に求めるものが変わり、リフォームや建て直し、売却の話も出てくるでしょう。上記のケースで、仮に売却をするなら、４４５０万円と３７７０万円の差額の６８０万円分に、売却時のクリーニングや諸費用などの負担を考慮して、８００万円程度で売却できれば、賃貸とほぼ同等だったと言えるかもしれません。

また、住宅ローン控除を加味すると、もっと持ち家に軍配があがるでしょうが、住宅ローンの金利が途中で変動して上昇したら、負担も膨らむなど不確定要素はまだまだあります。賃貸でも、大家さんとのご縁でいろいろな交渉が進んだり、金額は固定とは言えないでしょう。

つまり、**買うか借りるかの損得の比較は、あまりにも長期でもあり、現実的ではない**のです。そこに神経を向けるよりは、住み心地、自分やパートナーの満足感を高めることに、フォーカスしたほうが賢いのではないでしょうか？

まとめのワーク 04

Q1: あなたは住まいに何を求めますか?

□駅近、□通勤の便利さ、□間取り、□向き・方角、□自然や緑、□セキュリティ、□買い物の便利さ、□マンションなどの階数、□その他(　　　　)

Q2: あなたはどんな住まいが心地いいですか?

□賃貸、□購入、□シェアハウス、□親と同居、または親と二世帯

Q3: 毎月、住まい費用としてかけられる予算はどれくらいですか?

Q4: 今の住まいから引っ越そうと思う場合、いつ頃ですか?

Q5: 今から理想的な住まいに向けて準備すべきことは何ですか?

第5章

保険とお金

一番の不安から
必要な保険がわかる

31

経済的な不安、特にあなたが恐れているのは何？

これから先のことについて不安をあおることはしたくないのですが、今、あなたは漠然と抱いている不安はありますか？

□不安はある

□不安はない

不安がないとチェックした人は、この章は飛ばしてもいいかもしれません。でも、一般的に多くの人は、何らかの不安を抱えているでしょうから、友達やパートナーとの共通認識をもつためにも、以降をざっと目を通していただいていいでしょう。

不安がある場合、具体的にはどんなことだと思いますか？

- □働き続けることができるだろうか？
- □稼ぎの中から将来に向けて貯めていけるだろうか？
- □老後も生活していけるだろうか？
- □自分が病気やケガをしても大丈夫だろうか？
- □子供ができても教育費を払えるだろうか？
- □親の介護が必要になったらやっていけるかどうか？
- □パートナーが障害状態になったり、急死してもやっていけるだろうか？
- □今の住まいに住めなくなったらどうしたらいいのか？

いかがでしょうか？

あげるといろいろありそうですよね。

実は、こうした不安やリスクに対する対処法として、次の2つがあげられます。

（1）事前に予防するなどリスクそのものの減少（リスクコントロール）
（2）リスクが発生したときの経済的損失に備える契約（リスクファイナンス）

（1）のリスクコントロールは、病気にならないように**生活習慣を考えて健康管理をしたり、副業など収入源を増やしていくこと**などで、この本の前半にあげたことも解決策の一つです。
（2）のリスクファイナンスには、失業や病気、介護、パートナーの障害状態や死亡など、起こってしまった後に**お金などを受け取れる保険**という仕組みが典型的です。

普段、事前に予防するリスクコントロールについて、ある程度、実践はしても、カバーできないような予想できない事態は起こり得ますよね。やはり、リスクファイナンスという手法も知っておいたほうが賢明です。

以下では、保険という仕組みについて見てみましょう。

32 そもそも保険って何のためにあるもの？

「不安に備えて多額のお金は準備できないけれど、起こったときは大変だから何らかの準備をしておかないと……」というときにピッタリなのが、実は保険という仕組みです。

なぜでしょうか？　それは、貯蓄は三角、保険は四角と呼ばれるように、仕組みが貯蓄とは全く異なり、保険ならではの特徴があるからです。

図24のように横軸を時間軸、縦軸を金額にしたとき、貯蓄は一定額を積み立てていくと、徐々に残高が増えることで、右側に大きく膨らむ三角のイメージ図になります。

一方、保険は申し込んで健康状態の告知をし、1回目の保険料を払って契約が有効になったら、即座に約束された金額が保障されます。よって、長い期間をかけずにすぐに一定額の金額を受け取る権利があることで縦軸の高さが描けて四角いイメージ図になります（図24参照）。

図24　貯蓄と保険のイメージ

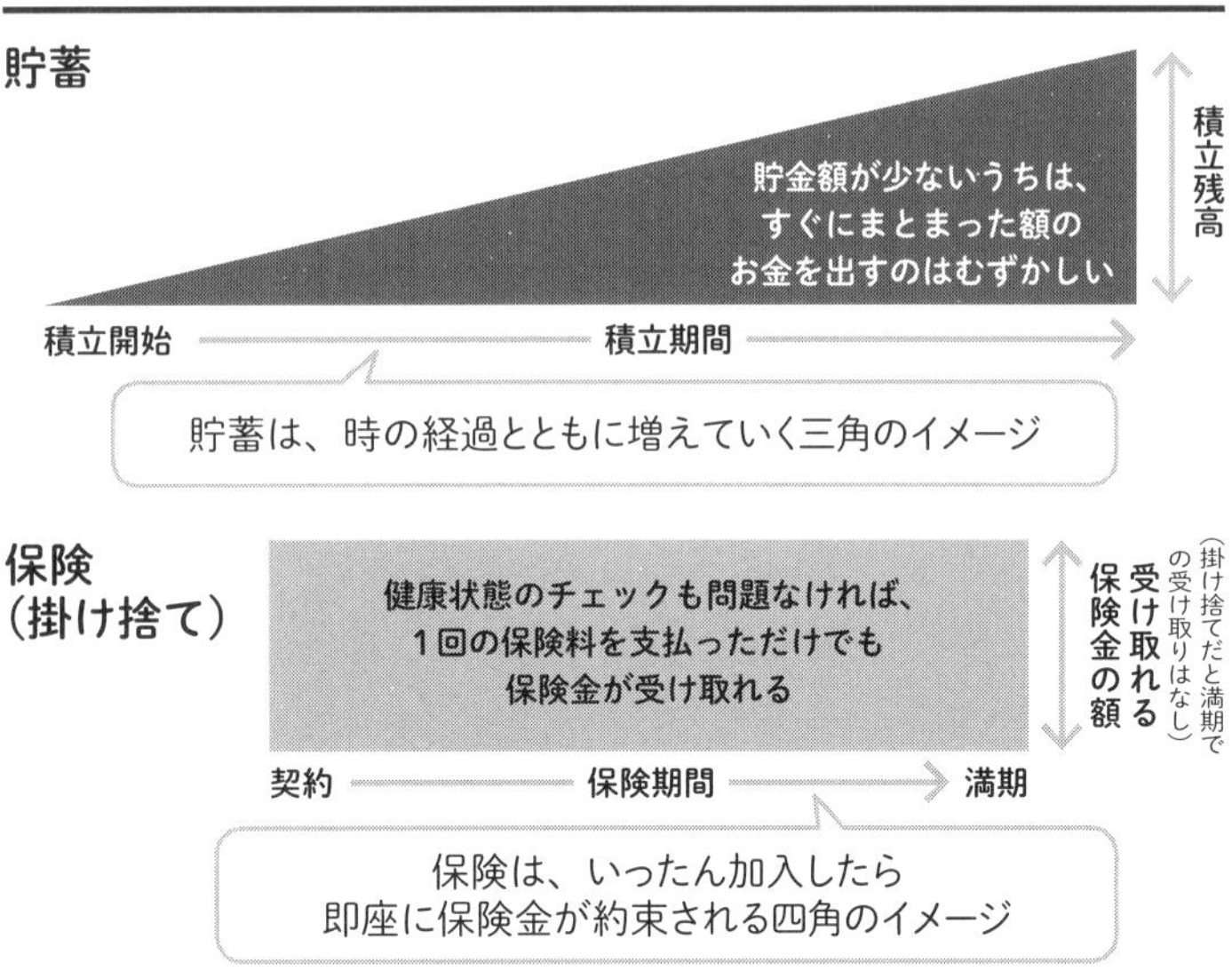
貯蓄
貯金額が少ないうちは、
すぐにまとまった額の
お金を出すのはむずかしい
積立残高
積立開始
積立期間
貯蓄は、時の経過とともに増えていく三角のイメージ
保険
（掛け捨て）
健康状態のチェックも問題なければ、
1回の保険料を支払っただけでも
保険金が受け取れる
受け取れる保険金の額
（掛け捨てだと満期での受け取りはなし）
契約
保険期間
満期
保険は、いったん加入したら
即座に保険金が約束される四角のイメージ

出典：吹田朝子『自動的にお金が貯まる習慣』

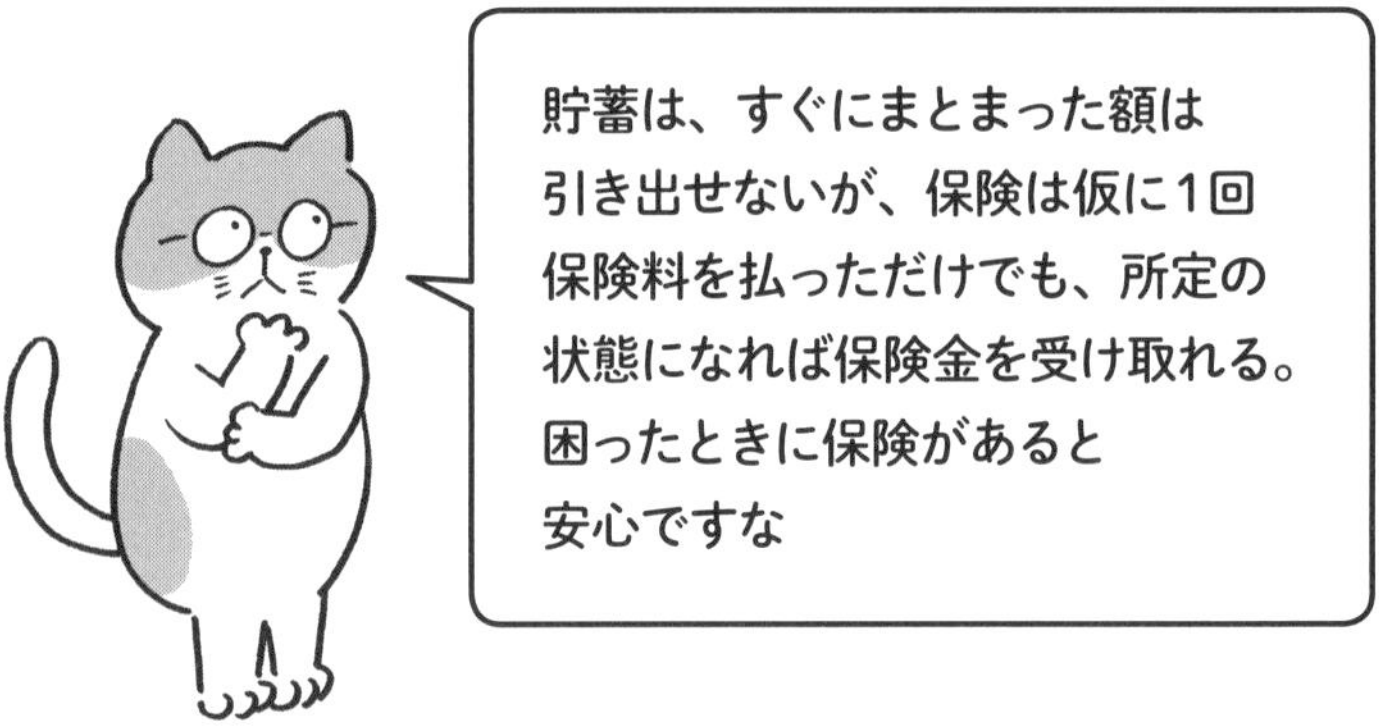
貯蓄は、すぐにまとまった額は引き出せないが、保険は仮に1回保険料を払っただけでも、所定の状態になれば保険金を受け取れる。困ったときに保険があると安心ですな

こうした保険の仕組みを公的な助け合い制度として、日本国民全員に用意しているのが社会保障制度です。

私たちは医療機関で健康保険証を見せることで、健康保険の給付を受け、自己負担額を一定範囲内に抑えることができます。また、公的年金は老後の年金が注目されていますが、それのみでなく遺族年金や障害年金も給付しています。それらが成り立つよう、20歳以上または社会人全員から、掛け金として健康保険料や年金保険料が徴収され、国民どうしの助け合いとなっているわけです。

ただ、これらの公的な社会保障制度は、さまざまな生活スタイルの人たちすべてを網羅できないため、足りないところを補うために民間の生命保険や損害保険が存在しています。CMでよく見かける保険はみな民間の保険商品で、非常に激しい競争が繰り広げられているのです。

33 公的な社会保険は働き方にも深く関わっている！

ここで、大きく図解で社会保険の全体像をお伝えします。

図25の外側の囲み、ベース中のベースとして、会社員・自営業などに対してそれぞれ存在するのが、次の2つの制度です。

（1）健康保険：病気やケガで医療機関にかかったときに一定範囲内の負担で抑えられる制度

（2）年金保険：世帯主が亡くなったら遺族年金、障害状態になったら障害年金、そして老後には老齢年金が受け取れるよう設計されている制度（年金制度については、図26のイメージも参照）

図25　社会保険の全体像

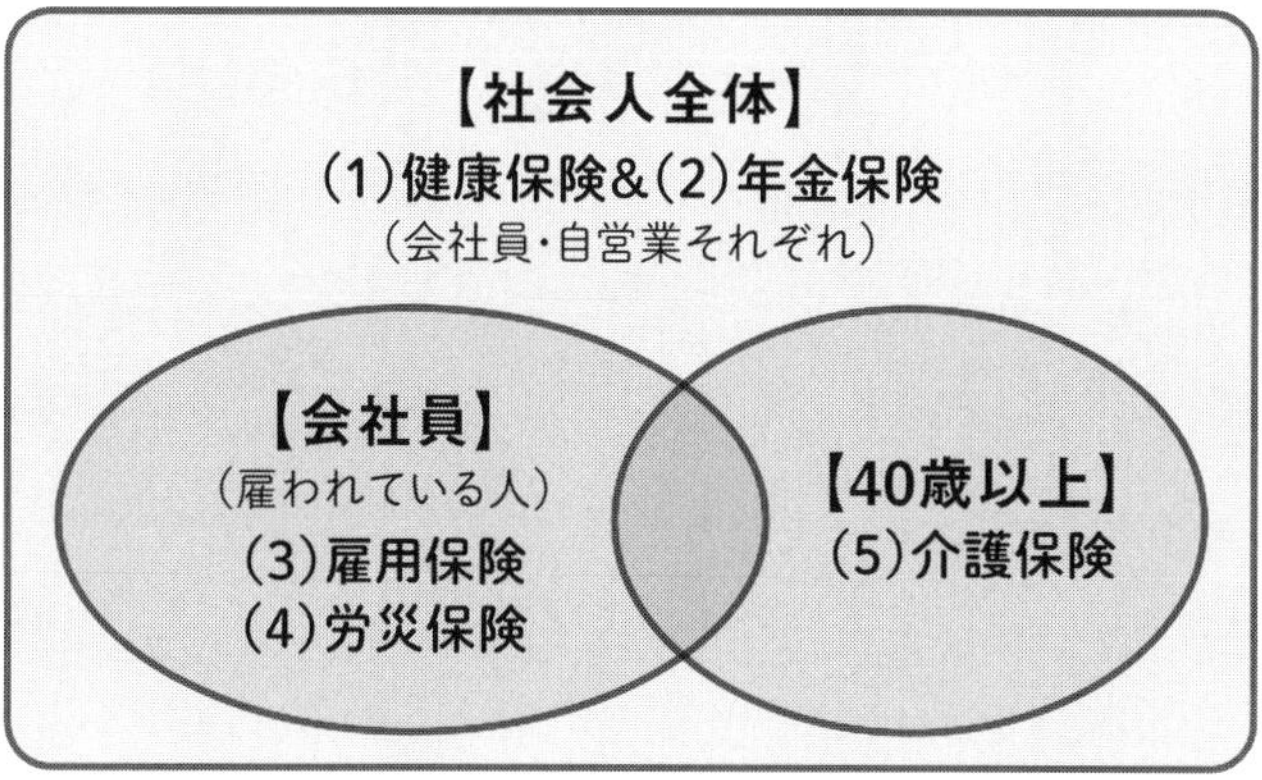

図26　年金の仕組み

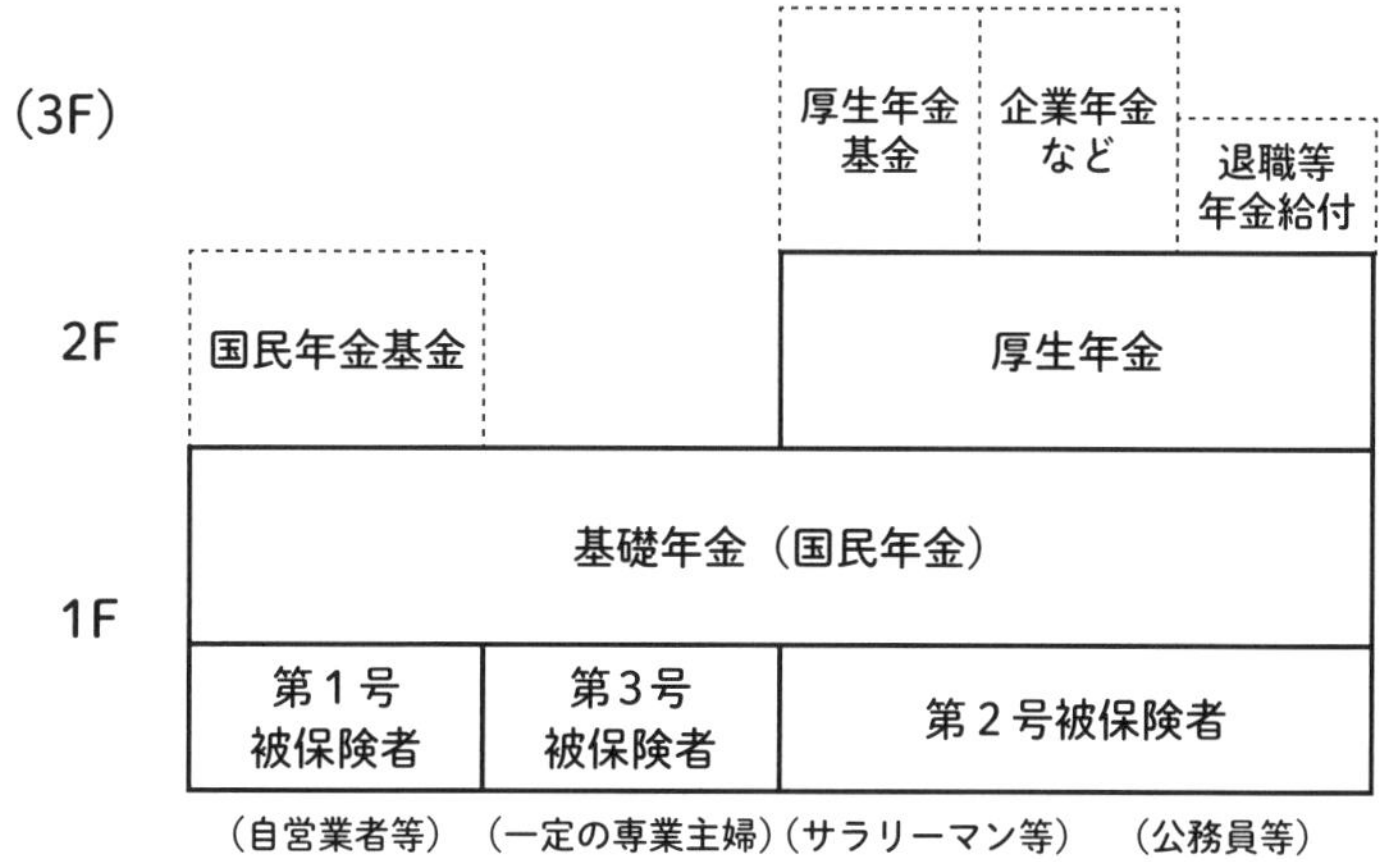

※「------」の部分は該当者のみの制度

この2つの社会保障制度のほかに、さらに会社員なら、
(3) 雇用保険：会社に雇われている人が失業した際に、条件を満たせば基本手当が受け取れるなど、労働者の生活や雇用の安定と就職を支援する制度
(4) 労災保険：会社の業務中や通勤時間の災害に対し、本人や遺族に給付をおこなう公的保険制度
そして、会社員・自営業問わず40歳以上なら該当するものとして、
(5) 介護保険：所定の介護状態で一定範囲の介護サービスを受けられる制度
の3つがあります。

1章で働き方について触れましたが、会社に雇用されて働く会社員なのか、そうでないのかによって、この社会保険は厚みが違ってきます。
会社員の場合、給料から引かれている社会保険料が多いなぁと思う人も多いと思いますが、ルールとして毎月の保険料（掛け金）負担について、健康保険（40歳以上は介護保険含む）と厚生年金保険料は会社側が半額負担し、雇用保険は会社が多めに負担、そして、労災保険は会社が全額負担しています。

会社勤めは就業規則などいろいろなルールがありますが、それだけ会社も公的な社会保険の負担義務を背負っているのですよね。

こうした社会保険の構造から、もし会社を辞めて自営業・フリーランス・独立開業などの道を選ぶ際は、雇用保険も労災保険もなくなって健康保険や年金保険も薄くなるなど、社会保険が手薄になることを心得た上で、民間の保険を賢く使うことが重要になってきます。

34 自分に必要な民間の保険とは？

では、公的な社会保険では足りないかも……と思うのはどんなときでしょうか？毎日の生活の中で経済的な不安にどんなことがあるのか、次の項目の中で、チェックしてみてください（複数ＯＫ）。

〈自分に関する不安〉

□（a）自分が病気やケガで治療して支出が膨らむこと
□（b）自分が病気やケガで身体に障害が残ること
□（c）自分が働けなくなってしまうこと
□（d）自分が長生きすること
□（e）旅行先で災難に遭ったり病気でお金がかかってしまうこと

〈家族に関する不安〉

□（f）家族の病気やケガの治療で支出が膨らむこと

□（g）家族の介護や看病で一時的に自分が働けなくなること

□（h）家庭の世帯主が働けなくなること

□（i）家庭の世帯主が亡くなること

□（j）出産の帝王切開などでお金がかかること

□（k）自分の入院などでベビーシッターやヘルパー代がかかること

〈他人を傷つけてしまう不安〉

□（l）日常の動作で人にケガや損害を与えてしまうこと

□（m）自動車運転で人にケガをさせてしまったり、モノを壊してしまったりすること

〈住まいや持ち物に関する不安〉

□（n）火災や水災などで建物や家具が壊れて修理などにお金がかかること

□（o）地震で建物や家具が壊れて復旧にお金がかかること

□（p）大切なバッグやアクセサリーなどが盗まれたりなくなったりすること

いくつくらいありましたか？

実は生活している環境や生活スタイルによって、経済的なリスクは本当にさまざまですが、これらに対して、リスク度を分析し、どのように準備する方法があるのか見てみましょう。

図27のマトリックスのどの象限に入るかで分類すると、次のように考えることができます。

まず、あなたの**経済的不安に対する解決策としては、縦軸の「経済的影響」が大きい順から優先して準備したい**ですよね。そして、横軸の「起こる確率はどれが高いのかどうか？」という視点からは、経済的な準備法の選択肢が変わってきます。

例えば、確率が高いこと、つまり誰しも経験しそうなこと（図の右側の象限）は、自分自身のお金の積立や運用で準備していくことが多いでしょう。というのも、みな自分のことを準備する必要があるので、誰かを当てにするのがなかなか難しいからです。

図27　経済的不安と保険の関係

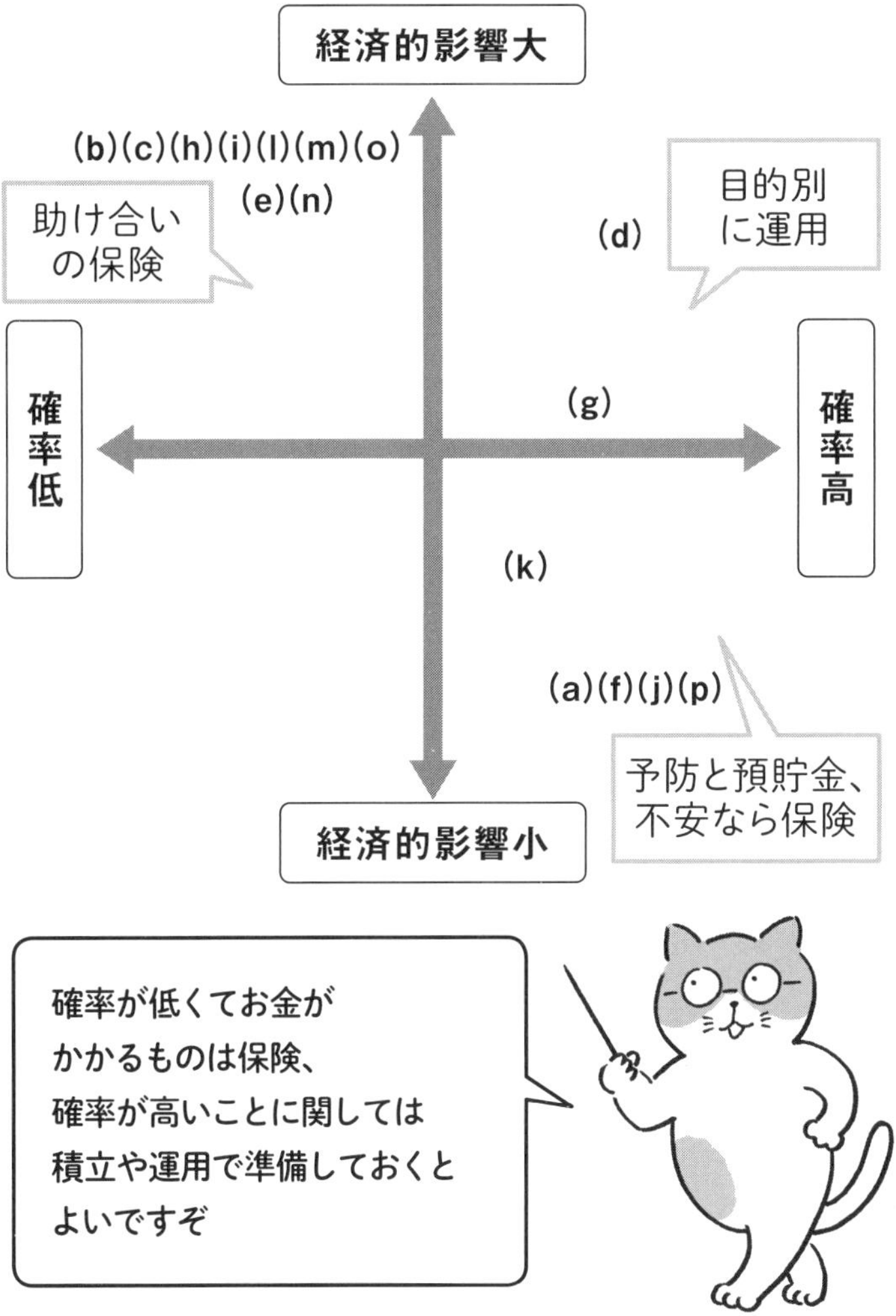

一方、確率がそんなに高くないということに対しては、あまり大きなお金をそこに充てる余裕はないですよね。そこで、経済的影響も小さいこと（図の左下）についてはあまり気にしなくてよく、**より経済的影響が大きいこと（図の左上）を優先**させましょう。そこでは、お互いに助け合って支援できる保険の活用が注目できます。

保険はもともと、統計からリスクが発生する確率を割り出して保険料を決め、大勢で参加できる助け合いのシステムです。

保険以外の方法としては、他に個人的に誰かを頼ったりすることもあるでしょうし、最近は、ネット上でクラウドファンディングのように呼び掛けて助けてもらう方法もあります。しかし、個人的に頼むのは、その人との信頼関係に大きく依存しますし、ネット上で呼びかけて、いくらの支援になるのかは、蓋を開けてみないとわかりません。

そこで、負担や給付を一定の約束事として、広く利用できる保険（公的な社会保険と民間保険）に注目して、どのように準備ができるのかを見ていきましょう。

35 もしものときに必要なお金と準備

〈自分に関する不安〉

□（a）自分が病気やケガで健康保険が適用されない支出が膨らむこと

健康保険が適用される治療や入院なら1カ月の負担上限「高額療養費制度」の範囲内で収まります（収入によって月額上限5万円台から8万円台など）。しかし、実際にはそれ以外に交通費・入院の食事代・特別な少人数部屋を希望した際の差額ベッド代、健康食品代などの実費がかかります。

⬇これが不安大とあげた人は、預貯金を多めに準備するほか、急に貯蓄が減るのが嫌なら民間の医療保険を検討することも選択肢になるでしょう。

□（b）自分が病気やケガで身体に障害が残ること

所定の障害状態の認定を受けると、国の障害年金を受け取ることができます。その年金額は、障害等級や子供の有無によって年間77万円台〜100万円程度です。

⬇国の障害年金の基準に合わないケースがあることやそれだけでは足りないなど、不安が大きいと思った人は、障害状態に対する給付金・保険金が手厚い共済や民間の生命保険を検討するといいでしょう。

□（c）自分が働けなくなってしまうこと

病気やケガによる療養の場合、会社員なら健康保険の傷病手当金として、最長1年半までは従来の平均給与の約6割が、所得を補うものとして給付される制度があります。一方、自営業などの国民健康保険には、この傷病手当金はありません。

⬇これが不安だと思った人は、2章であげたように、日々自身の健康を大切に予防に注力することはもちろん、最近、増えてきた就業不能保険を検討してもよいでしょう。就業不能保険は、保険会社ごとに決められていて、働けないという条件を満たした場合に毎月契約した金額の給付を受けられる保険商品です。

□（d）自分が長生きすること

日本の年金は、高齢者の年金を現役の働き手が負担するという賦課方式。5年ごとに財政が長期的に健全かどうか検証され、私たち現役の負担も膨らみ過ぎないように保険料水準の上限が設けられました。2020年現在の高齢者の年金水準は、会社員世帯の厚生年金で夫婦合わせて約月22万円が標準額、自営業の国民年金は1人当たり40年加入の満額で約月6・5万円です。しかし、今後、少子高齢化はますます進むことから、私たちが受け取れる老齢年金を楽観的に考えるのはやはり厳しいと言わざるをえません。

⬇仮に年金で足りない額として月10万円を想定し、それを貯蓄で補おうとした場合、月10万円×12カ月×（65歳～100歳の35年間）＝4200万円にもなってしまいます。もはや、すべて貯蓄で対処しようとするのは限界です。でもアラサーの皆さんにとっては、まだこの先何十年も時間があるので、さまざまな積立投資（投資信託や株式投資のほか、保険でも外貨建てや個人年金商品など）をしたり、かつ健康的に過ごしながらライフワークとして年齢関係なく収入が入る仕組みを持つことがとても重要になってきます。

□（e）旅行先でトラブルや災難に遭って出費を補うこと

海外の医療機関にかかった際、日本の健康保険が適用される治療なら海外療養費制度の申請により、一部医療費の払い戻しを受けることはできます。しかし、実際、海外の医療機関に日本の書類に翻訳して記入してもらうのはそう簡単なことではありません。また、海外での事故やトラブルに巻き込まれたりしてしまったら、その環境での緊急対応手続きや資金など、自分の力だけで対策できないことのほうが多いのではないでしょうか？

⬇クレジットカードの中には、海外旅行保険が組み込まれているものもあります。また、エリアや期間に合わせてその都度、海外旅行保険に加入することもできます。何かあったときに保険を通じてコールセンターが対応してくれるのは精神的にも心強いですよね。海外旅行は特に何が起こるかわからないので、自分の身を守るため、そしてほかから請求される損害賠償などに備えて、海外旅行保険は検討すべきでしょう。

〈家族に関する不安〉

□（f）家族の病気やケガの治療で支出が膨らむこと

家族についても健康保険が適用される治療の費用ならば、（a）と同様に、健康保険の高額療養費制度によって、毎月の負担に上限があります。しかし、その対象外の付随費用（交通費・入院中の食費や入院服レンタルなど）はどうしても発生してきます。

⬇その家族一人一人が予備的な預貯金として数十万円～１００万円程度は常時備蓄していればよいですが、それらが期待できない場合は、月２０００円前後の負担で、家族一人一人を被保険者とする医療保険や共済を検討してもよいでしょう。

□（g）家族の介護や看病で一時的に自分が働けなくなること

本人の介護について介護サービスはありますが、その家族の介護や看病に対する給付は、残念ながら公的な社会保険では今のところありません。

⬇家族の介護や看病で離職してしまうのはできるだけ避けたいもの。これらに対する民間保険は、一部の企業の団体保険で扱い始めているようですが、なかなか普及していません。不安な人は、まず自分で予備資金として半年分の生活費分など預貯金を持ち、かつ、働けない時期があっても大丈夫なように、お金に働いてもらう投資やビジネスの仕組みを持っておくことを早めに考えましょう。

□（h）家庭の世帯主が働けなくなること

世帯主が働けなくなることは、家族全員に影響がある大きな問題です。一定の障害状態やがんの治療の副作用などで仕事に支障をきたすことが認められれば、障害年金を受け取ることもできますが、その年金額は障害等級や子供の有無により、年額77万円〜１００万円程度となっています。

➡国の障害年金にはそれなりの受給基準があって、該当しない場合やもらえても十分とは言えない場合、民間の就業不能保険を検討する方法もあるでしょう。もちろん、世帯主自身の健康管理や生活習慣から病気予防に気を付けることも大前提です。

□（i）家庭の世帯主が亡くなること

子供がいる世帯の場合、世帯主が会社員なら遺族基礎年金と遺族厚生年金が受け取れ、世帯主が自営業など会社員でないなら遺族基礎年金が受け取れます。遺族基礎年金は子供の人数に応じて年額１００万円程度を子供の高校卒業まで受け取れるものです。ただし、子供がいない配偶者は遺族基礎年金を受け取れないので、注意が必要です。また、会社員の遺族が遺族基礎年金に上乗せして受け取れる遺族厚生年金は過去の標準報酬の平均から

図28　公的年金のイメージ

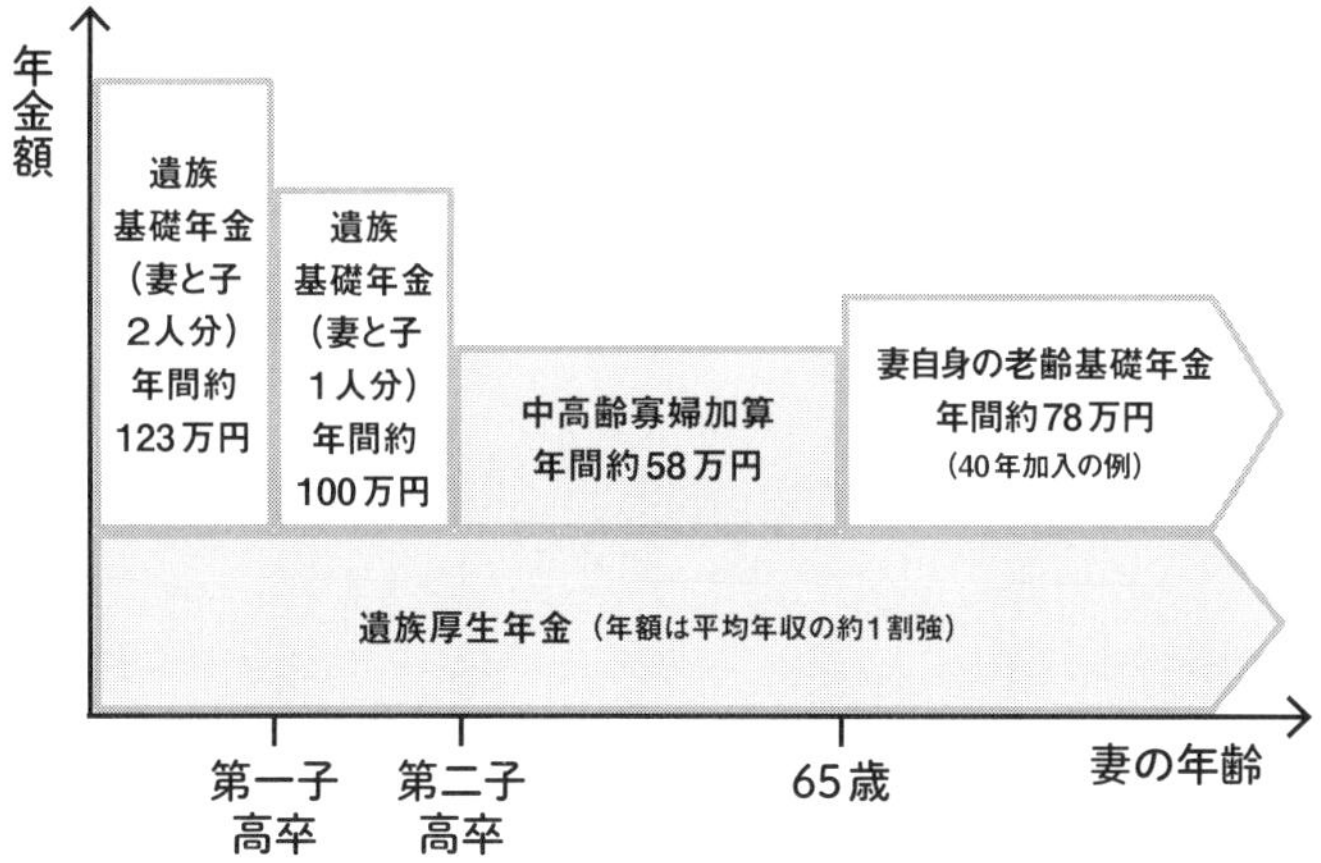

（注）2020年現在の年金制度より
・会社員の方が亡くなったら：グレー色と白色が対象
・自営業の方が亡くなったら：白色のみ
・中高齢寡婦加算は、夫が死亡したときに40歳以上で子のない妻（夫の死亡後40歳に達した当時、子がいた妻も含む）が受け取る遺族厚生年金に対して、40歳から65歳までの間加算されるもの

計算されるので、世帯主が若い会社員だったら、年額数万円程度であまり多くは期待できないと思ったほうがいいでしょう（遺族年金のイメージ図28参照）。

⬇公的な遺族年金だけでは足りない分として、家族の生活費分、例えば月15万円前後などを子供が自立するまでの何年間か決めて、民間の収入保障保険で補う方法があります。掛け捨ての保険なので、保険料負担も数千円程度に抑えることが可能です。

□（j）出産でお金がかかること

出産に関しては、会社員でも自営業でも健康保険から子1人当たり42万円の出産育児一時金が受け取れます。自然分娩は病気ではないので、健康保険の対象ではありませんが、帝王切開は健康保険の対象になるので、実際の医療機関に支払う額は自然分娩とあまり差はありません。ただし、入院期間が2週間程度と自然分娩より長くなるので、個室などを希望した場合は、差額ベッド代が日数分かかり、10万円～20万円前後まで負担が膨らむ可能性が大です。

⬇将来の家族形成に大事な出産に関しては、緊急入院なども含めて経済的に安心しておきたいという人もいるでしょう。その場合は、預貯金で50万円程度を準備しておくか、民間の医療保険で入院1日当たりの給付金額を少し多めにして、7000円～1万円程度に設定しておくとよいでしょう。医療保険の給付金額の減額はいつでもできるので、子供が大きくなったら、医療保険を見直して、入院日額を減らし、保険料負担を軽くするのも、一つの方法です。

□（k）自分の入院などでベビーシッターやヘルパー代がかかること

これは各家庭の方針による支出内容なので、公的な社会保障はありません。

➡ここも不安が大きいと感じる人は、預貯金から50万円程度を充てられるように持っておくか、民間の医療保険を検討しておきましょう。医療保険の入院1日当たりの給付金でシッター代やヘルパー代をカバーできるように一般的な入院日額5000円より、3000円～5000円ほど多めに設定するのも有効な解決策です。また、入院日数に関係なく入院一時金を受け取れる医療保険もあります。子供が大きくなって、シッターなどの支出が心配なくなったら、医療保険の入院に伴う給付金を減額することも可能です。

〈他人を傷つけてしまう不安〉

□（l）日常の動作で人にケガや損害を与えてしまうこと

他人への損害賠償は私たちの権利義務関係を規律する民法でもうたわれていますが、金額が多額でなければ、預貯金で補うことが通常でしょう。しかし、お店のモノを壊してしまったり、駐車場で他人の車を傷つけてしまったり、自転車で他人にケガをさせ後遺症が残ったりすると、なんと数千万円～億円近くなど高額な損害賠償が発生することもあります。

⬇日々注意を払って生活することはもちろんですが、不運にもどこで多額の損害賠償を負うことになるかわかりません。そうしたリスクに備えて、損害保険や共済で個人賠償責任保険特約を付けておくと安心です。個人賠償責任保険の部分は毎月の保険料負担も200円前後と無理ない水準です。

□（m）自動車運転で人にケガをさせたり、モノを壊してしまったりすること

自動車運転なら、まず自動車損害賠償責任保険の加入が義務づけられていますね。しかしこれは、他人への人身事故に対する補償であって、自分自身を守ることと、他人のモノへの損害賠償までは含まれていません。それに対しては、別途、民間の自動車保険が必要になってきます。

⬇強制加入の自賠責保険のほかに、民間の自動車保険の補償内容を確認して加入しておきましょう。

〈住まいや持ち物に関する不安〉

□（n）火災や水災などで建物や家具が壊れて修理などにお金がかかること

住まいの所有者には、建物を維持管理する義務があり、それらは基本的に自腹になってしまいます。

⬇火災や水災などは、度々発生することではありませんが、建物の復旧は相当お金もかかるので、民間の損害保険会社の住宅に関する保険（火災保険・住宅総合保険など）を検討するといいでしょう。

□（o）地震で建物や家具が壊れて復旧にお金がかかること

地震・噴火・津波による建物や家財の被害については、日本の広い範囲で起こる可能性もあり、政府が再保険という形でバックアップする地震保険があります。地震保険は、民間の住まいの火災保険にセットする形で補償されますが、損害を受けた分が全額カバーされるのではなく、契約している火災保険金額の30％～50％の範囲で、上限が建物5000万円、家財1000万円までです。

⬇この地震保険は、民間の保険会社が負いきれない巨額な地震損害を政府が再保険するもので、国全体の助け合いの意味もあります。持ち家だけでなく、賃貸でも、家財の補償はとても役立つので、被災した際の生活安定のために地震保険は加入しておいたほうがいいでしょう。

□（p）大切なバッグやアクセサリーなどが盗まれたりなくなったりすること

基本的に大切なものは大事に管理しておきたいですよね。外出先などでの盗難や破損などの場合、通常は諦めるか、預貯金で新しいものを調達する程度でしょう。

⬇それではどうしても不安という場合は、損害保険に携行品損害特約をつけて、外出時の携行品の破損・盗難、出先での火災の被害などで損害額を受け取れる保険があります。もちろん受け取れる保険金を高めにすると毎月の保険料も高くなるので、掛け捨てで払い続けられる程度の内容にすることが大事です。

36 これだけは知っておきたい! 民間の保険会社の扱う商品

改めて保険会社の数や代表的な商品の分類を見てみましょう。

今や、生命保険会社は日本全国で42社（金融庁の生命保険会社免許一覧より）、損害保険会社は53社（金融庁の損害保険会社免許一覧より）、少額短期保険業者は102社（各財務局の少額短期保険業者登録一覧より）、そのほか、農林水産省監督下のJA共済、厚生労働省監督下のこくみん共済coopや都道府県民共済などがあげられます。

どれも**不特定多数の方の生活安定に寄与する事業**として、監督官庁、根拠法令のもとで管理監督されています。

これら民間の保険や共済、少額短期保険（保障額が少額で期間が1年ものを扱う）などの全体像を図式化したのが次の図29です。

図29　主な民間保険商品の分類イメージ

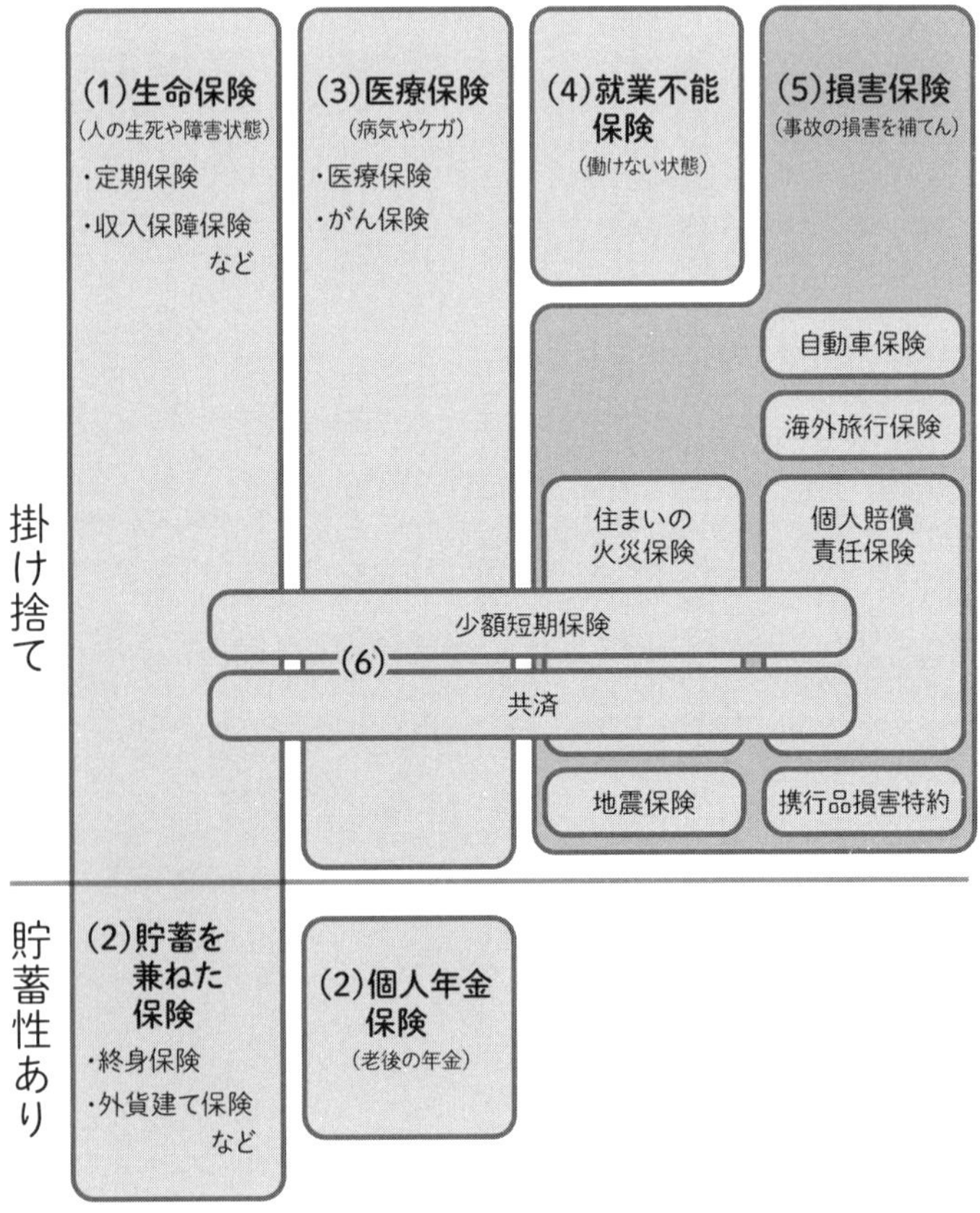

(注) 上記は、概念や特徴で整理したのもので、枠の大きさは規模や取扱量とは無関係です。

まず、図29の一番左側上から順に見ていきましょう。

(1) 生命保険

人の生死や障害状態に関して保険金や給付金が受け取れるものとして、定期保険(保障期間が10年など一定期間)や、収入保障保険(保険金を毎月年金のように分割で受け取るもの)などがあります。

これらは、貯蓄性はなく、単純に何事もなければ受け取れないという掛け捨て商品です。掛け捨ての商品のほうが保険料(掛け金)は低めで、本来の助け合いの仕組みに則っていると言えます。

(2) 保障だけでなく貯蓄を兼ね備えた保険

横線の下のほうにあげた終身保険(保障期間が一生涯)や外貨建て保険(日本円ではなく米ドルや豪ドル建てで積立分が運用される保険)は、長期的に価値を目減りさせないように積立分を運用していく商品です。

保険料に積立運用分が含まれるので、それだけ高めになりますが、途中解約して返戻金を受け取るなど老後に向けた資金準備に活かすこともできます。個人年金保険は公的な年金を補うことを目的とし、60歳以降など老後に年金を受け取る商品で、現時点で利回りは低いですが、一つの選択肢ではあります。

（3）医療保険

病気やケガで入院した際に給付金を受け取れる保険で、病気の種類としてがんに特化したがん保険もあります。これらも掛け捨てなので、医療関係の支出が預貯金では不十分と思われたときの選択肢になるでしょう。

（4）就業不能保険

生命保険会社が最近、注力し始めた保険の一つで、働けない原因に病気やケガのみでなく、うつ病など一定の精神疾患まで含むものまで登場しています。自営業は厚めに、会社員は薄めの給付など、タイプで選べるものもあります。

（5）損害保険で身近なもの

図29の右側にまとめたのが事故の損害を補てんする損害保険です。

・自動車保険（車の所有で義務付けられる自賠責保険では足りない部分を補って自分の身体を守り、モノの損害賠償などを補てんする保険）
・住まいの火災保険（火災や風水害などの被害を補てん）
・地震保険（地震・噴火・津波などの被害を一部補てん）
・海外旅行保険（旅行中の災難や病気でかかる出費を補てん）
・個人賠償責任保険（他人に対する損害賠償を補てん）
・携行品損害特約（持ち物の被害分を補てん）

（6）共済や少額短期保険

人の生死に関する生命保険から医療保険・損害保険の一部までまたがって商品化され、一部の少額短期保険など保障内容が個性的なものもあります。

基本的に1年更新タイプが多いので、長期的に保障を固定しないで、適宜見直していこうと思う場合に候補になるでしょう。

37 あなたのライフスタイルに合わせた保険の準備

ではいよいよ、あなたが実際に自分の将来のリスクに対して、どのように手段を絞り込んで行動していくのがよいのかステップを踏んで整理してみましょう。ここでは、

Step1：あなたのライフスタイル
Step2：保険商品を絞り込む際の好み
Step3：保険の申込プロセス

の順に自己診断をしていただきます。さぁ、次の質問から最も近いものを選んでみてください。

Step1：あなたのライフスタイル

□（A）会社に勤めるのは結婚や子育て後も変わらない

□（B）自営業など自由な仕事を早いうちに見つけてライフワークにしたい

□（C）子育てや家族の面倒など人を頼らずにできるだけ自分の力でやりたい

□（D）いろいろ選択肢があってまだ決められない

（A）を選んだ人

自分に合った会社と出会い、先輩の存在などもいい影響を受けて、自分の将来のイメージもそこで描けていますね。

そのような環境はとても恵まれていると言えます。だからこそ、その環境を最大限活かして、健康保険や厚生年金などの社会保険や、会社で利用できる福利厚生制度についても確認してみましょう。そして、毎月受け取る給料の中から自動積立預金をして、今の自分にもう少し必要な保障だけ、民間の保険を選んでいくとよいでしょう。

（B）を選んだ人

会社に所属するのではなく、自分で仕事をしていこうという自由志向タイプですね。自由に仕事をできるのは魅力で成果も自分で満喫できますが、リスクなどに対しても自分で対処することが求められてきます。

ですから、自営業として、また独立起業した後、いずれ法人化するかどうかなど、どのような仕事形態にするかも考えて、今の社会保険で得られることを整理し、会社員以上にリスクに備えていくことが重要です。

会社員と違って、健康保険の傷病手当金がない自営業にとっては、働けなくなった際の不安が強ければ、就業不能保険も候補になるでしょう。その保障内容も、会社員よりも手厚く準備することが大事なので、早めに「自営業・就業不能保険」などで検索して、情報収集をしていきましょう。

（C）を選んだ人

家族に対しても責任感が強くて、場合によってはあれこれ両立するのに自分自身を追い込んでいってしまうくらい完璧主義な方ではないでしょうか？

人間、やはり完璧ではありません。もう少し、肩の力を抜いて、日常の小さなことでも「手伝ってほしい」と言えるようにするのも一つの解決策です。とはいえ、経済的には自分の足でしっかりと立っていきたいと思う場合、自動積立預金と並行して、やはり契約をして皆で助け合える保険の活用が効果的です。

あなたにとって、子供の有無、住まいのコストなどに応じて、必要な保障内容を確認していく作業がこれから大事になります。

(D)を選んだ人

自分の人生のこの先の選択肢がたくさんあって、迷いますよね。でも焦る必要はありません。今焦って何かに決めてしまっても、後で変わる可能性は高いので、現時点でできる最低限のことに備えていきましょう。

リスクについては、まず気になる不安項目に対して積立預金をしておきましょう。保険については長期の保険に固定するのではなく、1年更新タイプなどで臨機応変に見直しできる商品の活用が考えられますね。

Step2：保険商品を絞り込む際の好み

次に、商品絞り込みに必要なあなたの好みをお伺いします。頭でわかった内容ではなく、そもそもあなたがどんな商品が好きなのか、無意識に選びがちな好みを確認することは、この先の選択の満足度を高めることにつながります。次の中で最も近いものを選んでください。

□（E）オリジナル度が高く個性的な商品が好き
□（F）伝統的で定番で実績がある商品が好き
□（G）見た目がシンプルで簡単そう面白そうな商品が好き

（E）を選んだ人

商品の特徴が明確で目的に合ったものなら、納得して手続きに入れる目的志向型ですね。商品などはその会社ならではの特徴がわかりやすく、内容がいい！と思ったものならば、新商品でもロングセラーものでも、どちらでも良いでしょう。カギは、ほかにはない商品特徴が、自分の求めるものに合っているかどうかです。

（F）を選んだ人

もともと流行や新しいものにはあまり興味がなく、歴史や伝統のある会社や商品に安心を感じる安定着実型と言えます。名前などが多少古臭くても、伝統的で長く続いていれば、それだけ利用者も多いことから、信頼されている証拠とホッとするのではないでしょうか。

（G）を選んだ人

とにかくリズムよく内容を見られて、簡単でわかりやすいもの、ユーモアがあるものが一番という直感ゲーム型。複雑で小難しいものは、すぐに飽きてしまったり、面倒に思うことが多いでしょう。最低限のことだけを理解すればいいと割り切って、シンプルにビジュアルなどでわかりやすい内容の商品を選ぶと長続きするでしょう。

Step3：保険商品の申込プロセス

ライフスタイルと好みが見えてきたところで、今度はどのようなプロセスで保険商品を選んでいくのが向いているか、次の質問から診断してみましょう。最も近いものを1つ選んでください。

□（H）人と会うのが面倒で、自由な時間に手続きしたい
□（I）知人に保険担当者を紹介してもらって、丁寧に説明を受けて手続きしたい
□（J）第三者に相談しながら、客観的に複数の会社の商品から絞り込みたい

（H）を選んだ人

自分の時間管理も意識するコスパ重視型。保険会社も人件費を使わず、ネットで申込ができ、保険料もその分割安なネット保険を活用するとよいでしょう。ネットならいつでも自由な時間に申込が可能です。

（I）を選んだ人

類友の効果を大事にするご縁重視型。保険営業マンも、自分の友人の紹介なら安心と、人の紹介でじっくり説明してもらってその中で選ぶのが自然のようです。もちろん契約後のフォローもその担当者と長い付き合いになるので、ご縁や人選はとても大事です。

(J)を選んだ人

実際に客観的なアドバイスを受けながら、一番納得のいくものを選ぶアドバイス志向型。保険会社に所属していないファイナンシャルプランナーや、複数の会社の商品を扱う保険代理店などに相談しながら、比較検討していくのが、満足度の高いプロセスでしょう。

いかがでしょうか？　自身のこれからの不安に先回りして防御していくのは、サッカーのゲームでいえば、強力なゴールキーパーを確保することに相当します。「今後、私には人生の経済的なゴールキーパーがいるから、安心して攻めていける！」と思って、ぜひ、これからのいろいろなことにチャレンジしてくださいね。

まとめのワーク 05

Q1: あなた自身の人生で今、何が不安ですか?

□病院にかかったときの支出、□老後資金、□働けなくなること
□お金がなくなること、□家族に迷惑をかけること、□親の介護
□他人に損害を与えること、□友達がいなくなること

Q2: その不安に対して、どのように対策を考えますか?

□リスクコントロール(事前の予防)なら…(　　　　　　　　)
□リスクファイナンス(保険など)なら…(　　　　　　　　)

Q3: それを進めるために、具体的に今日、明日、何から着手しますか?

□食生活や運動など健康を意識した行動をする
□保険の相談窓口に行ってみる
□保険を調べて資料請求する
□友達や親兄弟に相談してみる

第6章

お金の貯め方・使い方

誰でもできる
楽ちん管理術

38 あなたはお金とうまく付き合えてますか？

お金は今の生活で大切なものというのは、誰しも否定しないと思います。

でも、本当にお金を大切にし、仲良く付き合っている！と自信をもって言えますか？

実は以前、雑誌の企画で実際にご家庭を何十件と訪問していった際に、お金とうまく付き合えていない方の共通点を発見しました。次の項目で当てはまるものはありますか？

□玄関に靴があふれている
□使っていないビニール傘が何本も置いてある
□玄関や廊下に段ボールが置いてある
□窓側にモノが置いてあり、日光を遮っている
□ペットボトルやプラスチックごみが多い

□テレビがつけっぱなしになっている
□バーゲンのチラシがテーブルに雑に置いてある
□保険証券など大切な書類がすぐに出てこないことが多い
□お財布がレシートやポイントカードなどでパンパンに膨らんでいる
□お札で払う際、お札が折れていたり、向きがバラバラのまま

全部で10個のうち、チェックはいくつありましたか？
0個：お金と親友：あなたはお金を大切にして、貯める力もありますね。
3個以内：あと一息で仲良しに：もう少し意識すれば、お金もスムーズに管理可能です。
6個以内：時々お金に嫌われる：思い通りにいかずにお金のストレスがありそうです。
7個以上：お金と離婚寸前：お金の使い方・付き合い方に問題がありそうです。

実は、お金を大切にして、丁寧に使い、お金を払って得たことも大事にしていたら、このチェック数は減っていきます。まるで自分の生活の一部を切り出して、見える化したみたいですよね。まさに**お金はあなたの生き様を映す鏡**でもあるのです。

39 お金とうまく付き合うために知っておくこと

お金とうまく付き合うために、ほとんどの人は、お金を管理するテクニックから入ろうとします。**しかし、その前に大事なことは「自分を知ること」**です。

自分の現在の状況や在りたい姿に向き合わずに、「ただ貯めなきゃ！」などと近視眼的に捉えていると、今まで多くの人が陥ってしまったように、お得情報に振り回されたり、お金の奴隷のように意思決定をお金基準にしてしまいかねません。それでは、自分の本心ではないため、結果的に自分を見失ってしまったり、自己嫌悪に陥ってしまう……そういった方を多く見てきました。

人生の主役はあなた自身で、お金はその道具です。

言うまでもないですが、お金は、今私たちがこの世界で生きている間に使えるから意味があります。自分が死んだ後の世界にはお金を持っていけません。今の自分の人生を最大限幸せなものにするためのお金との付き合い方を整理していきましょう。

まず、自分の現状、お金の状況を見るために、どうしたらいいでしょうか？　理想の体型を求めてダイエットをするにも、自分の今の身長や体重のバランス、各部位のサイズや体脂肪などがわかっていないと、どの部分からどうしたらいいかわかりませんよね。

家計簿はつけたことはありますか？　毎日つける必要はないかもしれませんが、お金のバランスや各サイズを知るために、自分の家計の状況を一度しっかり見ることはとても大事です。

そもそも**家計というのは、「自分や家庭という一つの経営主体のお金の出入り」**を指し、それを記録するものが家計簿です。なんと、家計簿は英語でぴったりの言葉がなく、どうやら日本の文化とも言われています（敢えて言うと household account book、または個人の財産管理的には personal finance と訳されます）。

そんな日本の文化を大切にしながら、自分主体のお金の出入りを楽しんでみませんか？

最近はスマホで簡単に記録できる家計簿アプリもあります。もちろん記録そのものが目的なのではありません。自分がどのくらい、何に使っているのかの傾向を知って、このくらいは○○のために確保しよう、このくらいは将来への準備や余裕資金にできそうという**バランスを見るのが家計管理の主たる目的**です。

お金の出入りはあなたの行動を数字・金額で見える化したものにすぎません。怖がる必要もなく、ありのままを見て「なるほど、今そういう状態なのか」と思うことから始めて全然OKなのです。

では、自分が1カ月にどれくらいお金を使っているのか、万単位でよいので洗い出してみましょう。自分が動かしているお金の状態を知ることは、意外にも自分自身をよく知ることにつながります。

「○○には目がない！」「○○を見たら買ってしまう」なども自分で自分のありのままの姿を見てみましょう。もし、どのくらい使っているのかわからない場合は、1カ月でいいので支出した内容を家計簿アプリなどで記録して、集計してみましょう。

その先の分析は、金額で見るのではなく、**毎月の手取り収入に対する割合で見るのがコツ**です。手取り収入は、支給された額ではなくて、手元で使えるお金をさしますが、わからない場合は概算でよいので、次のようにチェックしましょう。

（A）会社員の場合の手取り収入

給与等から、社会保険や所得税や住民税が差し引かれて毎月口座に振り込まれる額

（B）自営業者の場合の手取り収入

売上から経費を差し引いて残ったお金から、社会保険料（健康保険・年金保険）の毎月分を差し引き、さらに住民税・所得税の毎月分を差し引いた額

（C）副業・複業などをしている場合

（A）（B）がミックスしている場合はそれぞれを合計した額

つまり、入ってくるお金すべてから社会保険や税金分を差し引いた額（概算でもよい）を知ることが大事です。もし、自営業で後から払う住民税などはわからないという場合は、昨年1年間の税額を12で割って入れるか、ネット上でできる概算のシミュレーションを使

うといいでしょう。ここでは、大体の金額でよいと割り切りましょう。

そこまでできたら、それらの**毎月の手取り収入を100%として、毎月使う支出や将来への積立貯蓄分の割合**を出してみましょう。支出はたくさんの項目に分ける必要はなく、大きく、固定的な支出を4種類、変動的な支出を4種類に分けると比較的簡単に分析できるようになります。

いかがでしょうか？

ここで、支出一つ一つをいい悪いと他と比較するのではなく、自分の使い道の中でどこの割合が多いかを見ることで、自分の志向や癖、大事にしていることが見えてきたりします。

図30　手取り収入に対する支出の割合を見てみる

支出や積立	万円	%
固定１：住まい		
固定２：保険料		
固定３：水道光熱費		
固定４：通信費		
変動１：食費など日常生活費		
変動２：レジャーや被服・小遣い		
変動３：レッスン学び		
変動４：その他家電など		
積立貯蓄		
		100.0%

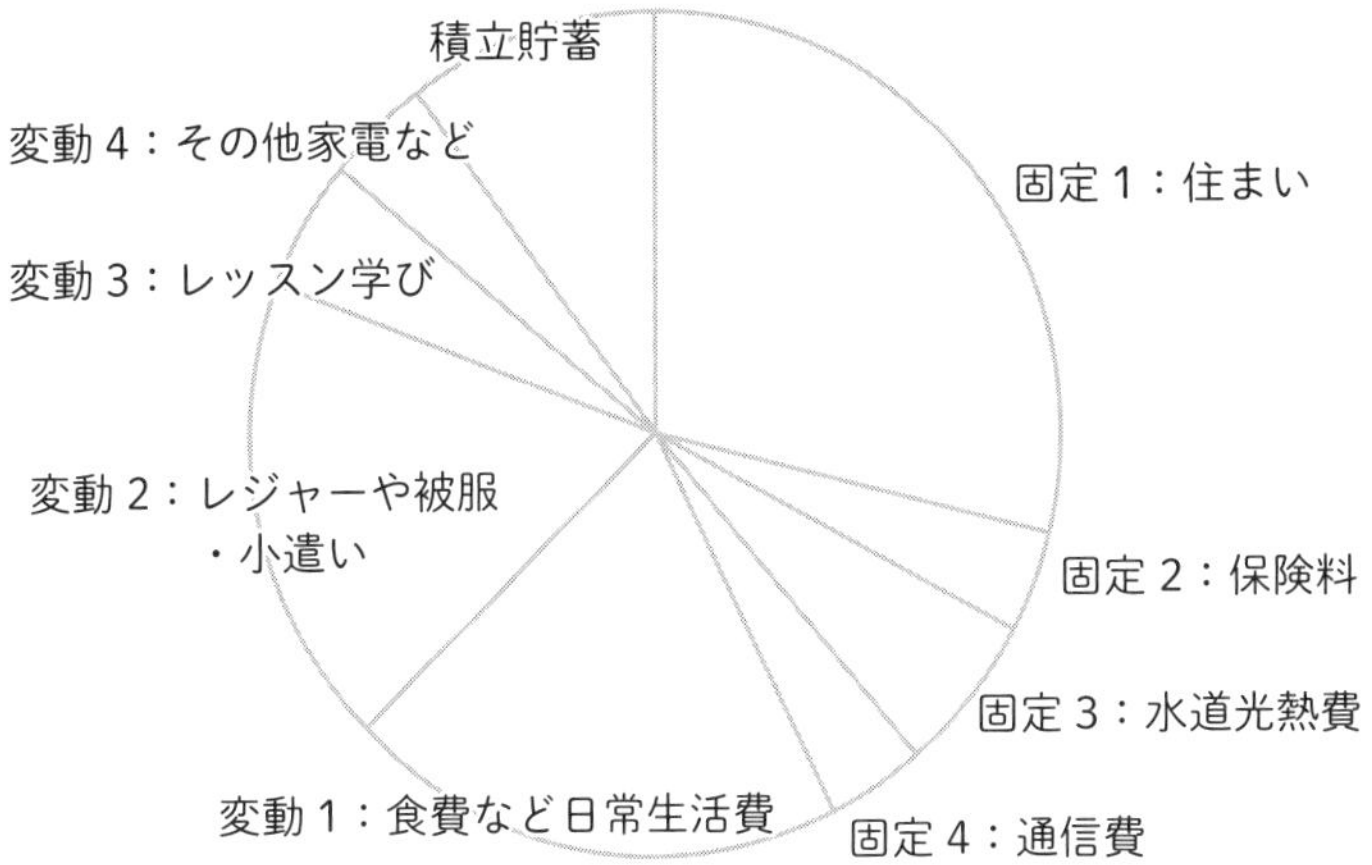

（1）住まい（固定1）

実家で親と同居ではない場合は、おそらく住まいの費用が多いでしょう。これは毎月固定的にかかるお金なので、意思決定はとても重要です。何を重視して住まいを選びましたか？

住まいは自分が安らぐ大切な空間。立地や利便性、セキュリティ、日当たりや間取りや機能など求めるものがたくさんあるとキリがありません。自分が一番大事にしていることを優先して拠点を決め、その負担に対して満たされているか、胸に手を当ててみてください。納得できていればＯＫです。

なお、購入した場合は引っ越ししなくても、住宅ローンを見直して借入先を変えるだけで、支払い利息の負担を軽減できることもあります。

（2）保険料（固定2）

これは、生命保険・損害保険・共済など、将来の経済的なリスクに備える掛け捨ての保険料を指します（貯蓄目的の保険は、積立のほうでカウントします）。これらは契約なので、毎月引き落とされる固定費。これが安易に決めたものだと、しばらく望まない支出が固定的に続く羽目になってしまいます。5章であげたように、働き方や子供など家庭環境に応じて必要な保障は変わりますが、ここの割合が5%をはるかに超えるくらい多い人は、不安を避けたい気持ちがとても強い方と言えますね。

(3) 水道光熱費（固定3）

これは水道電気ガス料金のことですが、温暖化などの気候変動、環境汚染などの影響を受けつつも、生きていくのに必要な要素です。季節変動などはありますが、毎月固定的にかかるお金で、節約というよりも、地球環境のために大切に使いたい部分ですよね。

(4) 通信費（固定4）

電話・携帯・スマホ・WiFiなどの通信料を指し、これも毎月多少の変動はありますが、固定的に発生するお金です。今では生活になくてはならない通信ですが、ここが法外に膨らんでいると、ほかのかけたいお金へしわ寄せが大きくなるので内容を再確認しましょう。

もし、実感がわかない支出があれば、スマホや携帯の契約プランの見直しや、動画や音楽・ゲームなどデータ通信量の見直し、格安ＳＩＭ、家のパソコンのネット回線の見直しなども効果的です。

（5）食費など日常生活費（変動1）

食費や衛生費など日々お店などで購入する支出をイメージしています。食費は身体をつくる大切な食材のための支出なので、ただ安ければいいわけではなく、一人一人のこだわりが見える部分です。

せっかく食べても栄養が偏っていないか？　ストレス発散目的で食べていないか？　自分の満足度につながっているか？　食材だけでなく食生活とセットでこのお金を捉えましょう。

（6）レジャーや被服・小遣い（変動2）

ここは、遊びや楽しみに関する支出が多いと思ってください。

被服もあなたをより輝かせるためのものなどワクワクするのではないでしょうか？　この支出は振り返って、あのときこれを購入したな、楽しんだなとワクワクが持続する使い方ならＯＫ。

もし、何に使ったか思い出せなかったり、買ってもクローゼットの奥にあるだけで活かせていないのなら、衝動買いだった確率が高いと言えます。長期保有をやめて、短期でリサイクルを活かす、シェア型サービスを利用するなど、方法も考えていきましょう。

(7) レッスン学び（変動3）

ここは、学習や体験など、自分の学び・成長になるための支出をイメージしています。本や教材、セミナー、ヨガ、スポーツなどいろいろ考えられますが、自分が成長できると信じられる分野が一番です。そのお金は、将来への自己投資でもあるので、大切に育んでいきたいですね。

(8) その他家電など（変動4）

家電製品は、最近省エネなどで、環境にも身体にもやさしいものが増えてきています。何年か使っていくと効率も悪くなったりするものもあり、予備的な支出として家電製品の買い替え予算を入れておいたほうが、急に慌てなくてすみます。

(9) 積立貯蓄

今すぐに使わなくて、将来のための準備に回せるお金として積立をすることも意味があります。初めから定期的に積み立てている人はその額を、余ったら積み立てる方法にしている人は、ここ数カ月これくらいは余って貯蓄できているという額を書きましょう。

家計を通じて、ご自身のお金の使い方の現状を見てきましたが、この作業はとっても大切です。

次に、支出割合を示した円グラフの事例とその分析ポイントを見ていきましょう。

40 家計のバランスと、時間がなくても楽ちんな管理法とは?

次ページのグラフは、よくある一人暮らし、独身の人の支出割合のイメージです。この円グラフは、一つの目安ですが、見るポイントは、大きく2つです。

(1) 固定的な支出の合計が手取り収入の45%以内かどうか?

毎月ほぼ一定額がかかる固定的な支出(住まい・保険料・水道光熱費・通信費)の合計が手取り収入の45%を超えないことは、全体のバランスからみて意外と大事な鍵になります。なぜなら、ここが膨れていると、ほかに自由に使えるお金、自分らしくお金を使える予算が減ってしまうからです。もし、これらが手取り収入の半分以上をも占めてくると、生活が苦しいという感覚になって、お金のことを嫌いになったり、お金を楽しむ余裕がなくなってしまうでしょう。

図31　（ひとり暮らし）手取り収入に対する支出割合の目安

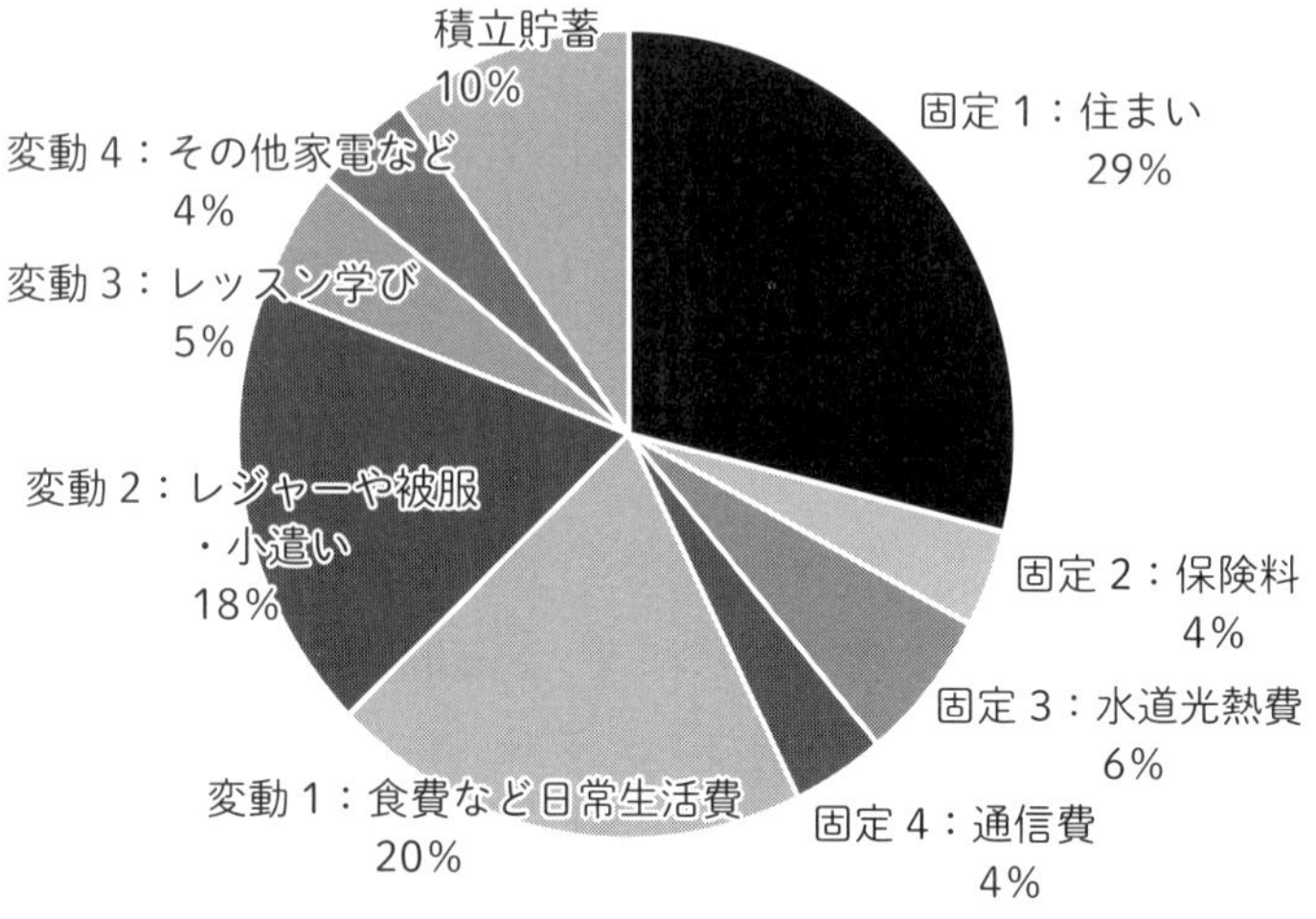

（2）積立貯蓄が手取り収入の最低1割以上あるか？

もう一つは、予備費や将来への準備としての積立貯蓄が手取り収入に対して最低1割以上あることです。もし、二人で暮らしている、実家で暮らしている人なら、積立貯蓄はもう少し多めに、2割、3割近くまでできる人も見られます。ぜひ、ご自身の将来使えるお金を増やすためにも積立の可能性を考えてみてくださいね。

もし、積立貯蓄がほとんどできていない場合、自転車操業的に毎月すべて使っていることになってしまいます。1章で触れたように、今後も毎月、必要な額の収入が入ってくる働き方をしている人なら、それでも問題ありません。しかし、そうした収入が見込めない場合は、今できることとして、定期的に何らかの準備金を積み立てること、つまり種銭づくりは必要です。

ここで、バランスのイメージはわかったけれど、そもそも、家計簿をつける時間がない、面倒くさいという人に朗報です。意外と簡単な家計管理法があります。

それは、まず一度、口座の引き落としなどから先ほどの固定的支出（住まい・保険料・水道光熱費・通信費）だけをチェックして集計し、先の（1）のように手取り収入の45％以内にあることを確認します。

その後は、（2）の積立貯蓄額を1割〜2割など決めて別の銀行口座にお金を移して自動積立の設定をしておきます。そこまで設定できれば、もう残りは自由に使っていいわけで、いわゆる変動的な支出だけ、手取り収入の4割程度だけをウォッチすればいいのです。スマホの家計簿アプリで、レシートの合計額をホームで電車を待っている間に入力する！それだけでも十分管理できてしまいます。

なお、このらくちん家計管理の順番は、実は、早めに積立額を確保するということにもなります。いくら家計簿をつけても、余ったら貯めるという程度では、なかなか順調にお金の準備は進みません。
「収入―支出＝貯蓄」ではなく、「収入―貯蓄＝支出」という流れで、変動費を使う前に、先取り貯蓄をしてしまうのが、楽をしながら順調にお金の準備や種銭が増えている方の共通点です。

自動積立の預貯金は、今は金利が低くても、将来の投資に回せるための種銭として準備することが目的です。金額の水準がわからなかったら、まずは手取り収入の1割からスタートし、その後の余裕度に応じて減額したり、2割、3割などへと増やしてもいいでしょう。

先取り貯蓄は将来やりたいことの準備としての大事な種銭です。まずは、これからのあなたの使い道に応じて次の順序で準備していくといいでしょう。

(1) 災害や冠婚葬祭など予備費のための準備

予備費として生活費の半年分～1年分を常に銀行口座に持っておき、冠婚葬祭や災害時などに引き出せるようにしておくと、これから先、急なことでも慌てずにすみます。

例えば、毎月生活費が30万円の場合、予備費としては180万円～360万円の幅があります。これは、慎重かつより保守的な人で1年くらいアッという間に経ってしまうと思う人は300万円超を、比較的短期間で行動に移して対策を練っていく方だという人は、200万円程度でよいと言えるでしょう。

(2) 予備費以外の目的は、3つ以内に絞って分けて準備

近未来に明確な目的、やりたいことがある場合は、目的に合わせて銀行口座や定期・普通預金に分けて積立をしていくとよいでしょう。あまりたくさんの項目をあげてしまうと、一つの口座に少額ずつになってしまい、達成感が生まれにくくなってしまいます。まずは、この先やりたいことなど目的を3つ以内に絞りましょう。そしてそれに向けてお金の準備をする器として口座への自動積立ができると、そこにお金を投入していく習慣ができます。

積立手段はいろいろあるので目的に応じて分けていくとわかりやすいでしょう。世界の動きに興味があって、海外旅行や海外留学なら外貨での積立が候補になります。趣味やレジャーならそれに関係するテーマの投資信託の積立も使えるかもしれません。種銭づくりの積立、まずはそこから、未来が広がると思って、チャレンジしてみましょう。

41 知っておきたい源泉徴収や確定申告の意味

会社で働いていると、お給料をもらっても、既に所得税などの税金が引かれていますよね。これを支給された**大元の会社（源泉）から直接引かれる（徴収される）という意味で、源泉徴収**と言います。

紛らわしいのは、これらの源泉徴収される税金が最新の正確な金額ではなく、前年度の所得などの状況を元に概算で算出した金額であること。よって、毎年、年末調整といって、年末に正確な情報をもとに調整する方法をとっています。そのため、何年か経つうちに、何となく税金のことは会社に任せて意識しないで過ごしてしまう人も多いと思います。

でも、これは、実は当たり前のことではないのです。

アメリカでは、会社員でも自営業者でも投資家でも、収入があった人は、原則としてすべて毎年、確定申告をしています。つまり、みな自分の稼ぎと経費、税制上の控除などを自分で計算して、毎年1回はお金の動きを整理する機会があるのです。

確定申告は、1年間のお金の出入りを確認して、自分がやったこと・受け取ったことに対する整理をし、税金の申告と納税（または戻り還付）をするものです。

しかし、ただの書類ではありません。私たち一人一人の「信用」をも蓄積されているデータなのです。それは、4章の住まいのところでも触れましたが、住宅ローンなど金融機関からお金を借りる場合に、源泉徴収票や確定申告の所得や納税の履歴をしっかりチェックされることからもわかるでしょう。

お金を貸す側からみると、「将来まで安定して返してもらえる」という信用が伴っていないとスムーズに貸してくれないものです。そうした信用を目に見える形で表すのが、お金に関する申告と納税履歴なのです。

余談ですが、もしカードローンの返済を優先し、税金を滞納してしまったりすると、税金は世代を超えて子や孫の代まで納税する義務が続くので注意が必要です。カードローンなどの民間の借金は、仮に自己破産手続きによって支払免除にすることも可能ですが、税金は免責にはなりません。それだけ税金の納税というのは、重要なことなのです。

このように仕事に関してのお金の流れと税金を知ることは、私たちの今後の仕事の可能性にも影響してきます。ここではさらに、収入と所得の違いも知っておきましょう。

◎収入とは?

「収入」は、入ってきたお金全体を指します。会社からもらっていた給与や、パートやアルバイトで得た給与などのほか、自営業でお店などを営み、そこで得た売上も「収入」です。所得税や住民税の計算は、「収入」から直接計算することはありません。

◎所得とは?

「収入」から「必要経費」を引いて残った額が、「所得」です。会社員などの給与所得者は、給与である収入から経費相当分として給与所得控除を差し引いて「所得」に、お店など自営業では、売上である「収入」から仕入れや家賃などの経費を差し引いて「所得」が計算されます(イメージ図32参照)。なお、所得税や住民税の計算は、「所得」をもとになされます。ちなみに、先ほど割合を計算したときの分母にした「手取り収入」も、もうおわかりですよね。

手取り収入は、収入のうち手元に残るお金ですが、会社員の場合は、収入から税金や社

図32　収入と所得のイメージ

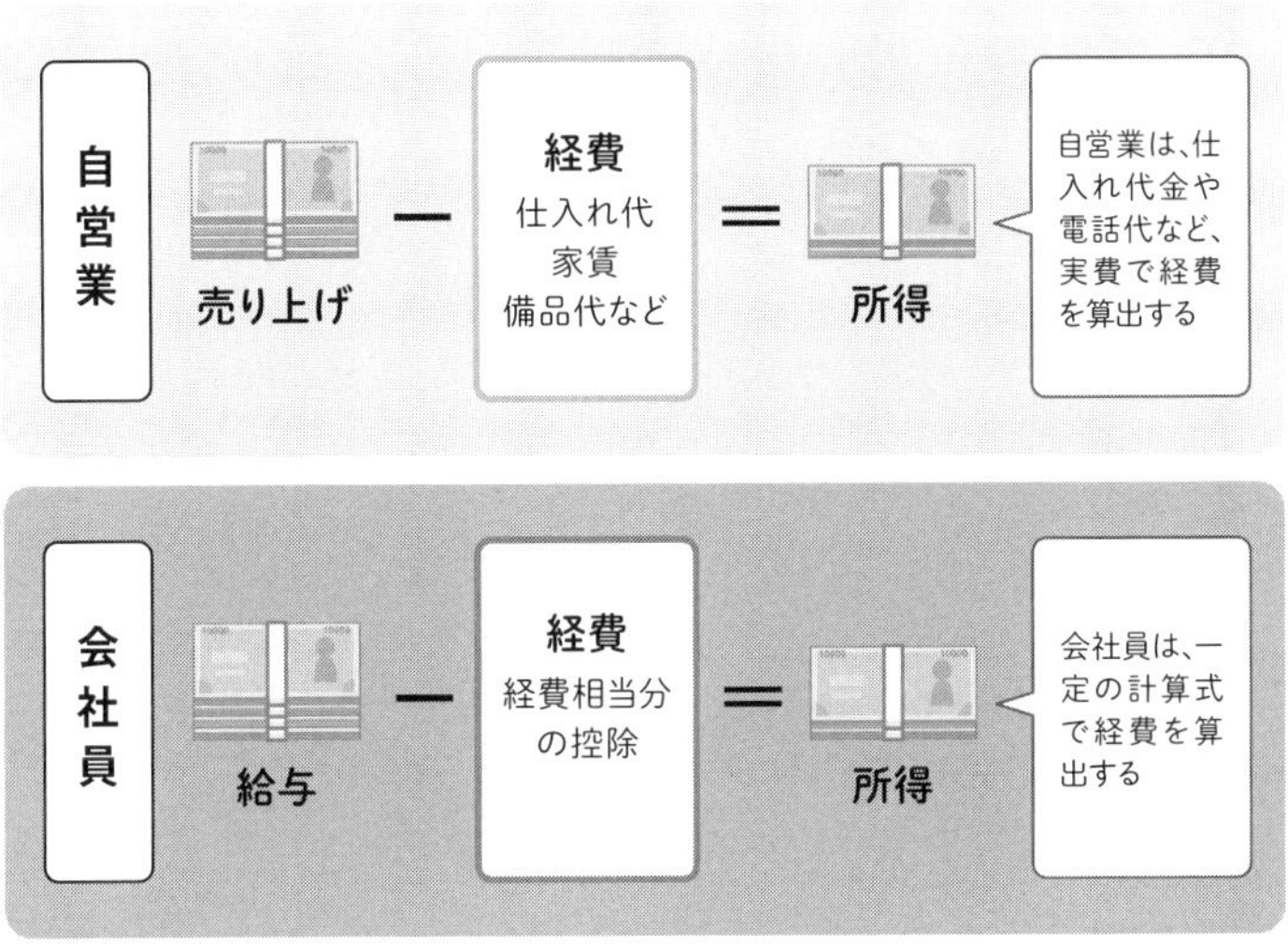

出典：吹田朝子『小学生でもわかる　お金にまつわるそもそも事典』

会保険料を差し引いた額、自営業の場合は、収入から経費などを差し引き、いわゆる所得からさらに税金や社会保険料を差し引いたものを言います。よく起業した人や経営者の人などが「年商いくら」という言い方をされますが、それが大きい金額でも驚いてはいけません。

　年商は収入に相当するもので、その数字だけを見ていては過剰評価しかねないからです。実際は、経費がどのくらいかかっているのか、役員などの個人なら所得を、会社なら実質の利益などをもとに数字を見ていく癖をつけることが大事です。

図33　所得と税金のイメージ

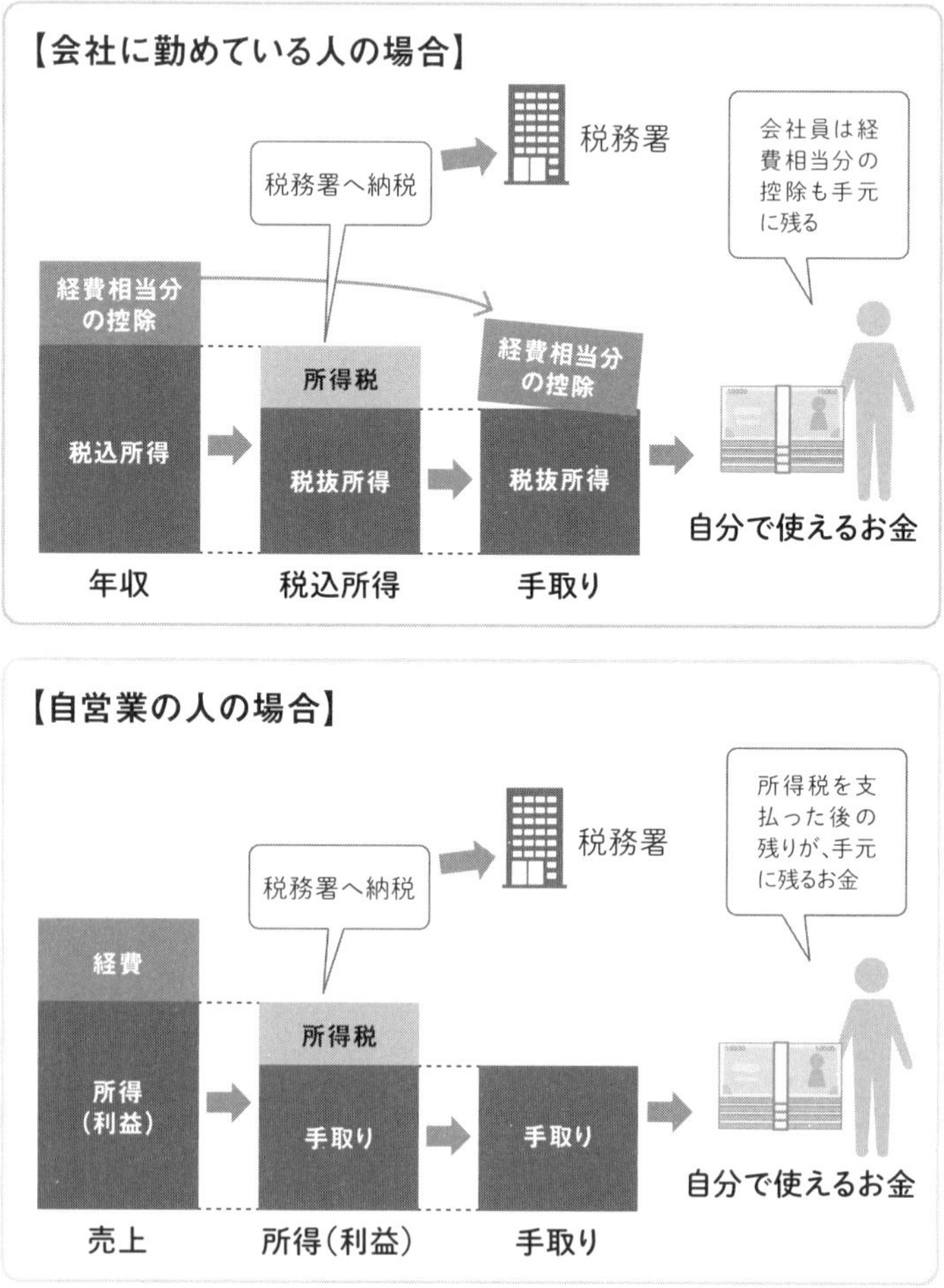

出典：吹田朝子『小学生でもわかる　お金にまつわるそもそも事典』

42 今、貯め方を変えていくとどうなる？

では、ダイエットで目指すところのサイズダウンをするように、具体的に毎月のお金の使い方を見直し、貯めるお金や投資のお金に回していけると、家計はどのようになるのでしょうか？

以下、独身のOさんと、ご夫婦Nさんの例で見てみましょう。

〈独身のOさんの例〉

Oさんは、一人暮らしで、家賃を払いながら生活をしています。家賃や共益費は、手取り収入の30％以内におさまっていますが、固定費全体が46・8％と多めで、毎月の積立が1万円と手取り収入の4％しかできていないことに気づきました。

日々の生活習慣は、完全に夜型。夜中1時頃までドラマや動画やSNSを見ることが多

図34　独身Oさんの家計見直し

自分の家計		本人 万円	割合 %
固定費	家賃・共益費	7.5	30.0
固定費	保険料	1.2	4.8
固定費	水道光熱費	1.5	6.0
固定費	携帯・通信費	1.5	6.0
変動費	食費など日常生活費	5.0	20.0
変動費	レジャー・被服・小遣い	4.0	16.0
変動費	教育・レッスン	2.0	8.0
変動費	その他家電など	1.3	5.2
積立	預金	1.0	4.0
積立	外貨	0.0	0.0
積立	他投資	0.0	0.0
合計		25.0	100.0

after

本人 万円	割合 %	備考
7.5	30.0	
0.6	2.4	保険見直し
1.3	5.2	夜更かし減らす
0.9	3.6	格安SIM見直し
4.2	16.8	自炊してみる
3.0	12.0	時間の過ごし方を変える
3.0	12.0	やりたいことへプラス
1.5	6.0	
1.0	4.0	
1.0	4.0	自動外貨預金積立を
1.0	4.0	自動積立
25.0	100.0	

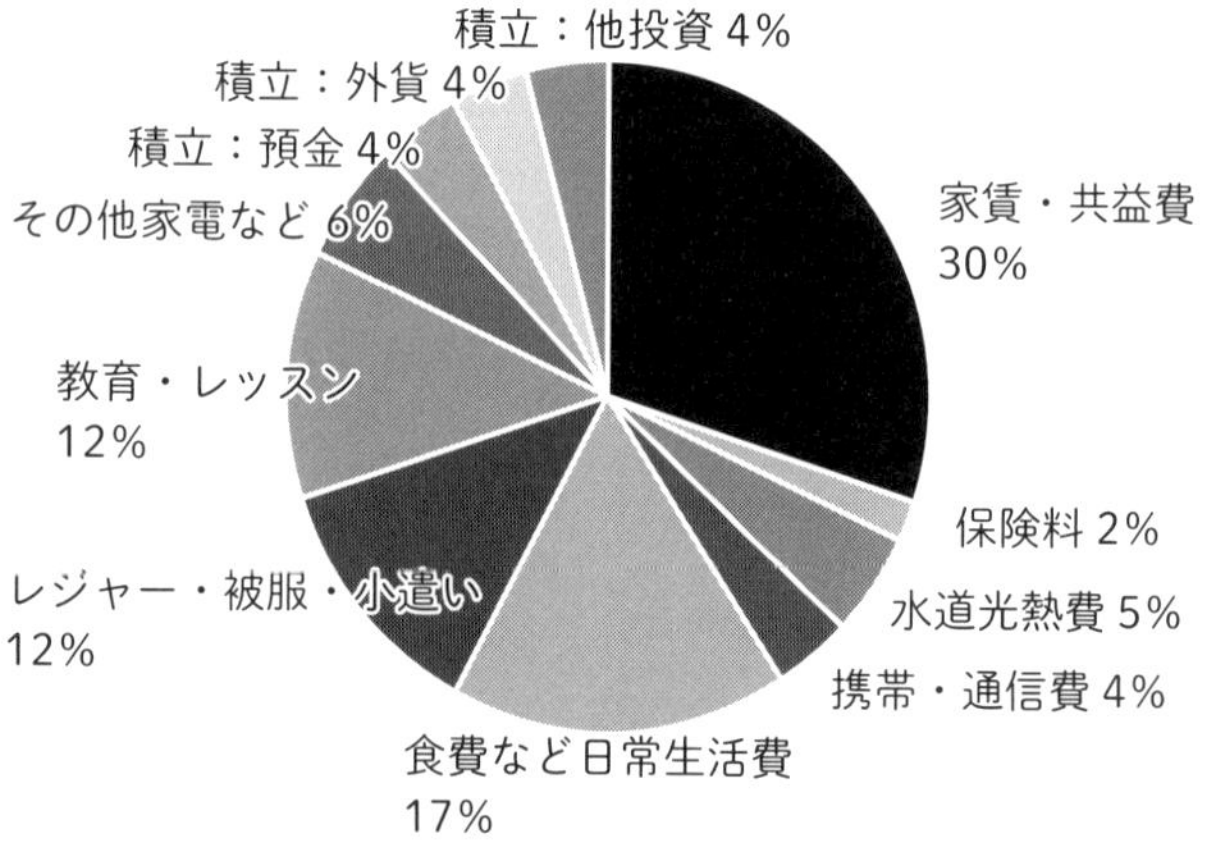

く、光熱費や通信費が膨らみがちで、朝がギリギリな分、朝食もコンビニおにぎりや菓子パンなどが多く、体調もイマイチで頭痛薬が手離せなかったそうです。そこで、自分の健康のことも考えて、思い切って窓のカーテンを薄地にして、朝起きられるように変更。合わせて次のように、家計を見直しました。

(1)固定費である保険の見直し

医療保険とがん保険をシンプルな内容にし、保険料の払込期間を65歳まではなく、終身払いタイプに変更。これだけでも毎月の負担は軽くなり、将来、さらなる見直しもやりやすくなるでしょう。

(2)朝型にして光熱費の無駄が減る

(3)格安SIMへの変更で通信費を軽減

(4)自炊で食費など基本生活費も自分サイズに。体調にも気を配れるようになり、薬代も軽減

(5)被服費(バッグ含む)もシェアやリサイクルを活用

この結果、固定費合計は41・2%まで下がり、代わりに自分が受けたいレッスンや、部屋の模様替えなどにお金をかけても、毎月の積立を月合計で3万円、手取り収入の12%まで高めることができるようになりました。

続いて、共働きのNさんの例も見てみましょう。

Nさんは、自分たちのお金の使い方を洗い出したところ、不安症の妻の保険料、ゲームや動画にはまる夫の通信費、二人の食費などの日常生活費、レジャーや小遣いなどがちょっと膨らんで、本当はやりたいレッスンや教育に費やせていないことがわかりました。

また、積立も夫は毎月3万円で手取り収入の1割は超えていますが、妻は5000円で手取り収入の2%しかできていませんでした。将来、子供が生まれる前に海外旅行に行き、その後は出産や子育て準備をしたいというNさんにとって、このままでは旅行資金も、将来の子供の準備も少し心もとないのではないでしょうか?

そこで、次のように家計を見直していきました。

図35　共働きNさんの家計見直し

夫婦の家計		夫 万円	妻 万円	割合 %	after 夫 万円	after 妻 万円	after 割合 %	備考
固定費	住宅ローン・管理維持費	7.5	6.5	27.3	7.5	6.5	27.3	
固定費	保険料	1.2	2.0	6.2	1.2	0.6	3.5	妻保険見直し
固定費	水道光熱費	2.3	0.0	4.5	2.2	0.0	4.3	夜更かし減らす
固定費	携帯・通信費	1.8	1.0	5.5	1.2	0.7	3.7	契約プラン・動画時間見直し
変動費	食費など日常生活費	5.0	7.0	23.4	3.0	5.0	15.6	お惣菜減らす
変動費	レジャー・被服・小遣い	4.0	6.0	19.5	3.0	5.0	15.6	休日の過ごし方変える
変動費	教育・レッスン	1.5	1.0	4.9	2.2	2.2	8.6	やりたいことへプラス
変動費	その他家電など	1.0	0.0	1.9	1.0	0.0	1.9	
積立	預金	1.0	0.5	2.9	1.0	1.5	4.9	
積立	外貨	2.0	0.0	3.9	2.0	2.0	7.8	
積立	他投資	0.0	0.0	0.0	3.0	0.5	6.8	
合計		27.3	24.0	100.0	27.3	24.0	100.0	

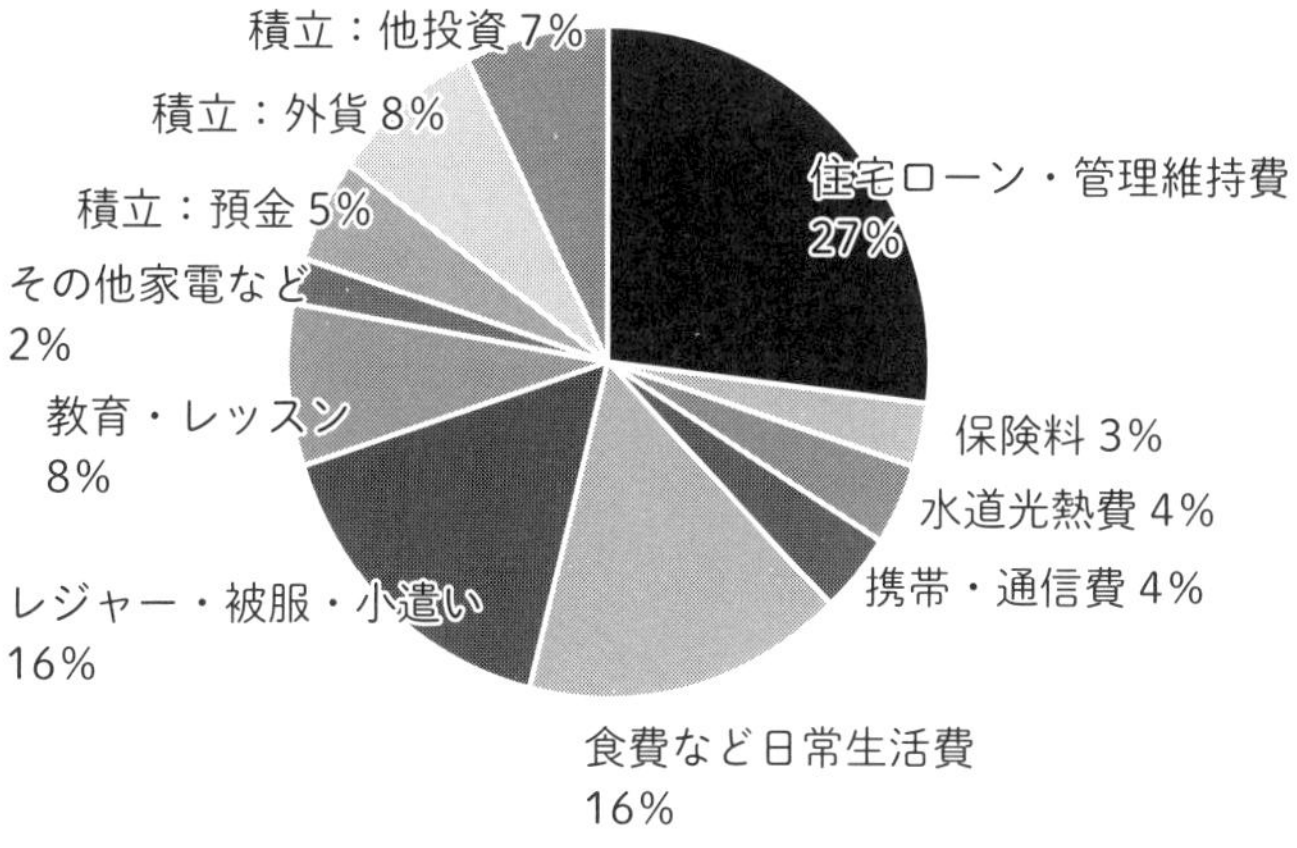

（1）固定費である保険の見直し

妻の保険をあれこれ余計な保障や生存給付金が特約でついていたのをシンプルな掛け捨てベースで医療保障重視に見直す。

（2）通信費の見直し

契約プランの変更、動画利用時間見直しなどで軽減する。

（3）食費など日常生活費見直し

惣菜などを減らし、食材の宅配活用で予算管理をし、夜早く寝るなど生活習慣の見直しで夜食を減らす。

（4）レジャー・美容・小遣いも必要なところに絞る

あれもこれも気まぐれの体験や買い物をせず、趣味や小遣いの使い道もテーマをもって明確に絞り込むことでメリハリをつける。

この結果、なんと毎月の積立も夫が従来の3万円から6万円の2倍に、妻も0・5万円から4万円を確保することができるようになったのです。

夫婦合わせて毎月10万円、手取り収入の2割弱まで貯蓄できるようになったので、相当の自信にもつながります。Nさんのように毎月夫婦で10万円の積立ができるようになると、1年間で120万円。5年間で600万円になりますよね。このペースなら、予定している通り海外旅行に行くことも可能でしょうし、その後の出産や子育て、育児休業などでも不安はなくなるのではないでしょうか？

積立残高が増えるペースが着実に高まるのは、気持ちにも大きな余裕が生まれてくるものです。

流行や販促などで世の中は情報にあふれています。でも、自分にとって本当に大切なもの、質の良いもの、本物を見極めてお金を使っていくと、自然と洗練されて満たされてきます。

今回の例にあげたOさんNさんのように家計を見直すと、種銭を貯める力もついて、資産運用の余裕もできますよね。この先、将来の家計はどうなるでしょうか？

ここではNさんのライフプランとして、1年後に海外旅行をし、その2年後に妊娠して第一子を出産したとして、将来シミュレーションをしてみました。

妻の育児休業中は、収入が減るので、一時的に積立ペースは落ちますが、復職しだい積立ペースを回復させると、お子さんが中学から私立にいったとしても、全く危なげなく過ごせる見通しです。

しかし、もし、Nさんが現状を把握せず、お金の使い方も何も見直さないままでいると、次のように育児休業中に貯蓄が底をつく危険性すらあります。

なお、ここでは、その他投資を保守的に年平均2％で計算しましたが、種銭をもとに投資できるかどうかで、約30年後の資産残高に2000万円以上も差が出てくることも考えられるのです。

いかがでしょうか？

ちりも積もればと言いますが、毎月のお金の使い方・貯め方の差で、何十年ものお金の余裕度が変わってくるのですよね。

お金は自分の日々の生活を数字で映し出すものですが、家計支出を洗い出してみるという行動からその内容を分析して優先順位をつけ、見直しをした結果、気持ちにも大きな余裕が生まれると言えるのではないでしょうか？

人生はまだまだ何年も続くので、1年間でどのくらい積立貯蓄や投資をできたかについては、必ず、**記念日などに最低年1回は確認するよう習慣化できると、成果を実感**できると思います。

図36　共働きNさんの年間収支と試算の推移（見直した場合・見直さなかった場合の比較）

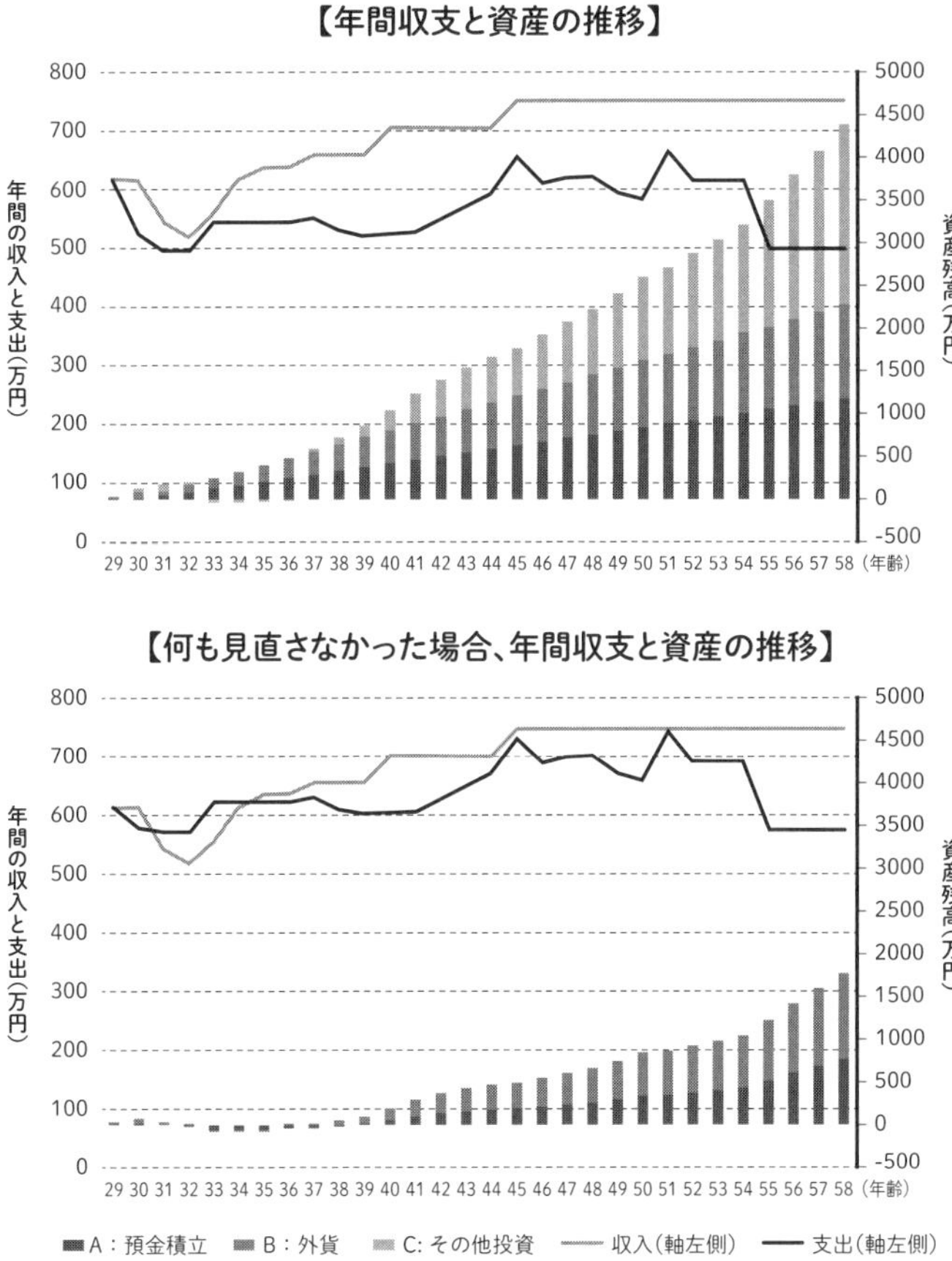

（注）上記は一定の前提条件をもとにシミュレーションした概算である。

43 誰でも最初の一歩はここから

Oさん、Nさんの例を見てきましたが、次はあなたの番です。この本では、働き方＝収入の得方、働いて生涯元気で過ごすための健康維持、投資、住まいのお金、守りのお金を見てきて、この章で、お金の貯め方・使い方を整理してきました。

でも、誰しも最初の一歩は、ご自身の家計を真っ向から見ることから始まります。ぜひ、以下を書き込んで自分の姿を数字の鏡に映しだしてみてください。

(A) 自分の毎月の手取り収入は？（パートナーの手取り収入と合算すると？）

手取り収入についてどう感じましたか？

□十分　□もう少し増やしたい

□もう少し安定させたい　□多少変動があっても気にしない

（B）毎月の固定的な支出の合計は？

住まい・保険・水道光熱費・通信費の数字を足し算してみましょう。
固定的支出（B）／（A）が45％を超えていたら、ちょっとアラームです。

固定的支出の内容についてどう感じましたか？

□見直す必要はない　□見直したい
□見直しが必要かどうかわからないから誰かに見てもらいたい

（C）毎月の変動的支出の合計は？

食費など日常生活費、レジャーや被服や小遣い、レッスンなど教育費、その他家電製品の買い替えなどの合計も足し算してみましょう。

変動的支出の内容について、どう感じましたか？

□見直す必要はない　□見直したい
□見直しが必要かどうかわからないから誰かに見てもらいたい

（D）毎月貯められるお金＝手取り収入（A）－固定費（B）－変動費（C）は現在、ど

れくらい？

手取り収入に対する貯蓄率＝（D）／（A）の割合は？

□1割以内　□2割以内　□3割以内　□それ以上

（D）／（A）の割合を見てどう感じましたか？

□まだ増やせる（いける）　□もう少し増やせる

□今でギリギリ　□今後はもっと厳しくなる

（E）昨年1年間で増やせたお金は（D）の12倍より多かったですか？

もし少なかったら、何が理由だと思いますか？

今後は、（D）の12倍を毎年増やしていけそうですか？

もう一つ、来年、再来年以降のことも考えて、毎月の積立を活かせるように、1年後から5年後などで、ご自身のやりたい事柄や夢と予算を書き出してみましょう。

図37　やりたいことと予算を考える

	やりたいこと	予算
1年後	例：おけいこ	例：30万円
2年後		
3年後		
4年後		
5年後		
それ以降		

ここでもし、3年後に100万円必要ということになったら、あなたは毎月いくらずつ積立をしていけばよいでしょうか？

目標金額（　）÷欲しい時期までの月数（　）＝毎月必要な積立額（　）ですから、

100万円÷3年÷12カ月＝2・7777万円

つまり、毎月2・8万円ずつ積立をしていくと、3年後には100万円が達成できるわけです。

それがあなたの手取り収入からみて無理ない積立額（1割〜2割など）だったら、ぜひ、貯蓄先取り方式で、チャレンジしてみてください。

余ったら貯めるのではなく、自動積立預金を設定して収入が入ると同時に積立をすることが肝です。そうしてできた100万円はご自身への大きな自信になるはずですから。

お金は、あなたが「これ！」というときに使うために存在しています。毎日の生活でもお金は使われていますし、大切なこと、絶対やっておきたいことなどにも使われるのを待っています。その状態を十分味わえるように、今からお金の出入りを大切に意識して、種銭をつくり、将来へ開花させていきましょう。

まとめのワーク 06

Q1: あなたが今まで積立など利用してきた商品は何ですか?

Q2: その貯め方に満足していますか?

Q3: もっと幸せになるためにどんなお金の目標をイメージしますか?

Q4: 目標額の準備に向けて、今、何から着手しますか?

おわりに

どんな経済社会になっても、自ら対応して生きていけるために

本書では、人生のいろいろな選択肢がある中で、私たちの働き方・健康管理・投資・住まい・保険・貯め方・使い方を整理してきましたが、いかがでしたか?

今、私たちが暮らしている世界は、今までにないほどの大きな変化を迎えつつあります。昔の正解が正解でなくなったり、経済社会のルールも変わりつつある、その真っ最中にいると思ったほうがいいでしょう。

お金についても、例外ではありません。戦後、急成長してきた資本主義の歪みを整えるルールが出てくるなど、何がしかの新しい変化に向き合って、私たちは人生を送っていく過渡期を生きていると言えます。

そこで最後に、どんなに経済社会が変わっても、ただ悲観したり、不平不満を言わずにすむように、全体像を見ながら対応できるコツをお伝えしたいと思います。それは、スポーツで会場やルールが変わっても、変わらず対応できるように、ある種ゲーム感覚で、お金のバランスをとれるようにすることです。

それはサッカーの例えで言うなら、ゲームで勝ち抜くために、適切な選手を起用して活かす感覚を持つことです。

さぁ、あなたの人生を強力なサッカーチームで乗り切るとして、それぞれのポジションでどんな選手を起用するか、考えてみてください。

図38 自分のチームをつくる

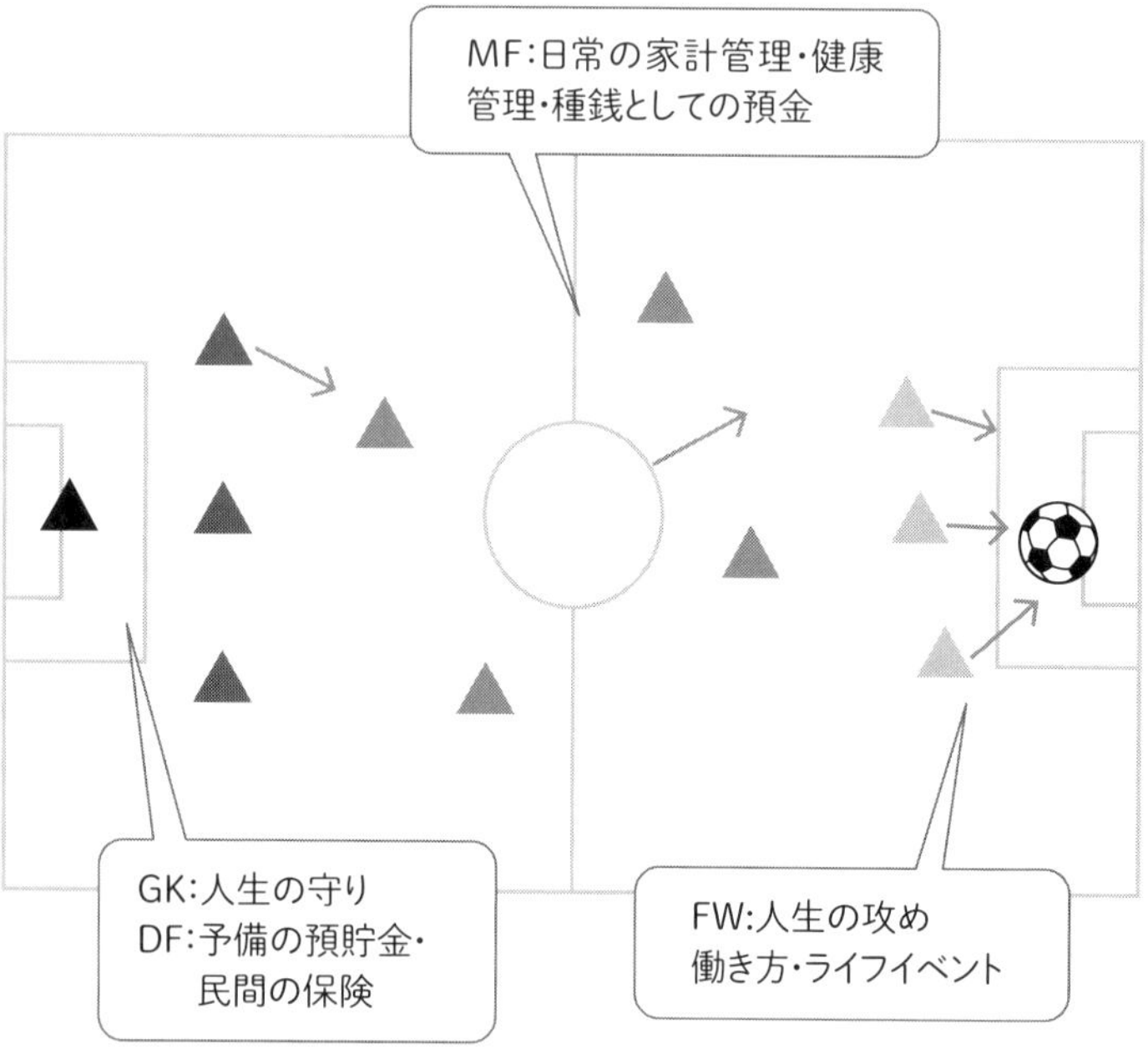

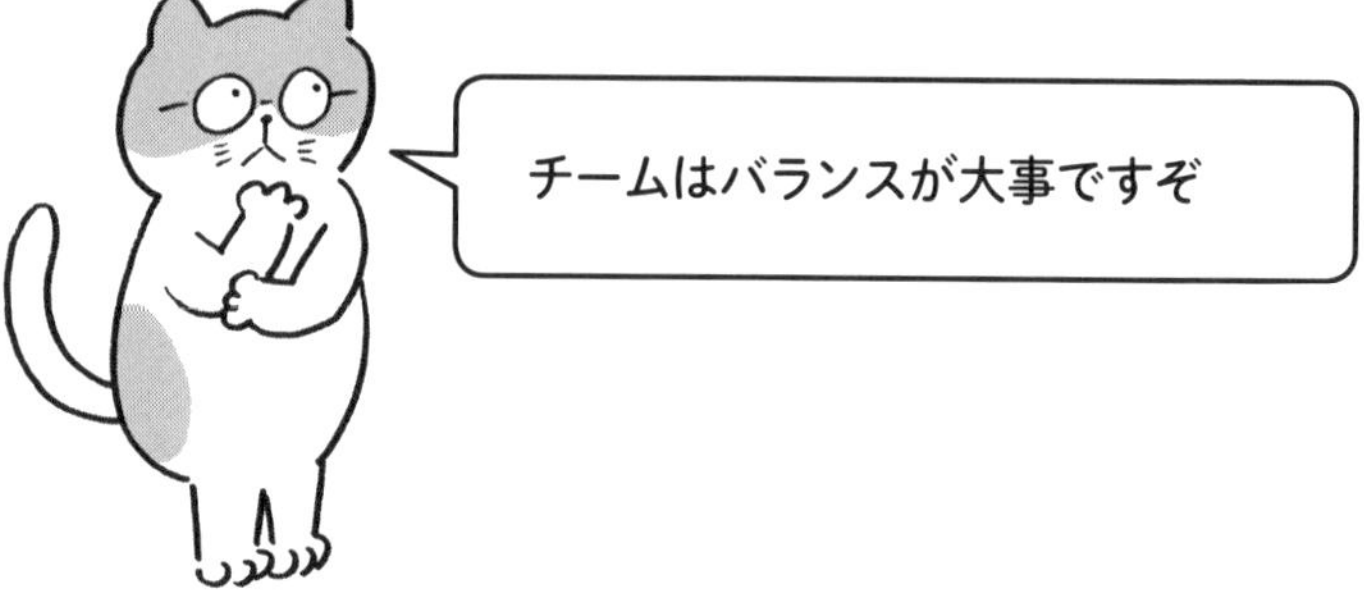

◎人生の守りの選手

人生の守りのＧＫ（ゴールキーパー）としては、いわゆる社会保険や掛け捨ての民間の保険があります。特に社会保険は国のルールを反映していますが、一定の範囲内（エリア内）ならとっても強力な守りになるので、ＧＫとしてピッタリです。また、民間の保険も、時代とともに商品開発をしているので、社会保険で足りないリスク管理として、掛け捨てでも準備すると強固な守りになるでしょう。

なお、ＤＦ（ディフェンス）には、予備費としての預貯金（生活費の半年から1年分）のほか、貯蓄機能のある民間の保険商品も候補になるでしょう。それは、ＧＫに比べて、動ける範囲が広いからです。ある程度の貯蓄（積立）機能がある保険は、満期で受け取れる保険金や途中解約で受け取れる返戻金があるので、やりたいことの準備をする攻めにもつながる選手と言えます。

◎中盤のＭＦ（ミッドフィルダー）などの選手

攻め（チャレンジ）にも守り（予防）にも動ける選手として自分に合った日常のサービスや機能をこのポジションに配置します。日常の家計管理に便利なアプリを使ったり、健康管理や予防も含まれます。そしてすぐに換金できる預貯金は、攻めの商品にいつでも移せる種銭としても活躍できます。

◎人生の攻めの選手

ゴールに向かってシュートする選手は、自分の目標に向かって前進するために必要な要素ですよね。自分らしく働いて収入を得ること、やりたいこと体験したいことへの準備や投資はまさにシュートを打つＦＷ（フォワード）の役割ですね。このシュートもたまにではなく、できるだけ多く打つことを練習したほうがいいのは、お金についても同じです。実際の投資も毎月の投資などこまめにシュートを打って慣れていくことが大事です。

これらのゲームを毎年毎年重ねていくことで、チームのブランド力が高まっていきますよね。それは、あなたの人生のブランド力を高め、将来に向けて長期的に継続できる安心感につながります。ぜひ、今の力が3年後5年後10年後につながっていくと思って、取り組んでくださいね。

本書は、バブル崩壊を体験し、自らの健康管理やお金の動きで、浮き沈み含めてたくさんの体験をしてきた筆者自身が、自分の子供時代からのお金の素朴な疑問をもとに、まさに今、社会でいろいろな制度やお金の変化を目の当たりにする中、アラサーの皆さんに、「これからの世界を元気に笑顔で生きぬいてほしい」という想いを込めて、まとめたものです。健康についても、細胞の新陳代謝と食べ物の関係などたくさんの方にご教授いただき、この場を借りて御礼申し上げます。

お金の話は、普段、なかなか親から子へ、うまく伝えにくかったりします。学校でも、体系立てて教わる機会は少なく、さらに、お金に対する先入観や価値観などによって、捉え方はさまざまなのが現状です。WAVE出版からお話をいただいた際、そうしたさまざまな価値観や捉え方を尊重した形で、お金と明るい気持ちで付き合っていける本にしたいと思って、企画からお付き合いいただきました。本当にありがとうございます。

本書をきっかけに、一人でも多くの20代30代の方のお金の不安が笑顔に変わることを、心より願ってやみません。

ぜにわらい協会　お金のメンタリスト®　吹田朝子

吹田朝子（すいたともこ）
ぜにわらい協会 会長

ファイナンシャルプランナー（1級ファイナンシャルプランニング技能士）、宅地建物取引士、プロフェッショナル・キャリア・カウンセラー®、お金のメンタリスト®。

一橋大学卒業後、保険会社で企画・調査・予算管理部門を経て、出産を機に1994年よりFPとして独立。就職・転職・起業・副業・結婚・妊娠・出産・子育て・住宅購入・親の介護など、3300件以上もの相談実績がある。本人の個性や価値観を尊重するお金との付き合い方を「ぜにわらい通信」で配信。人生を変えるお金相談から、結婚前後の花嫁修業のお金塾、フリーランスや事業者を応援するセミナーなどを開催。

TV出演・新聞やポータルサイトのコラム連載（週間PV150万超）など多数。今回は15冊目の著書。

ぜにわらい協会HP：http://zeniwarai.jp/
ぜにわらい通信：https://www.reservestock.jp/ subscribe/43015

ひとりでも一生困らない！

29歳からのお金

2020年6月10日　第1版　第1刷発行

著　者　　吹田朝子

発行所　　WAVE出版
〒102-0074　東京都千代田区九段南3-9-12
TEL 03-3261-3713　　FAX 03-3261-3823
振替 00100-7-366376
E-mail: info@wave-publishers.co.jp
https://www.wave-publishers.co.jp

印刷・製本　株式会社シナノパブリッシングプレス
装丁・本文デザイン　松崎 理・河村かおり（yd）
イラスト　曽根 愛

NDC591　255p　19cm　ISBN978-4-86621-293-7